suncolor

・人生 是怎麼回事・

THE MEANING OF THE TIME BETWEEN LIFE AND DEATH

我活著
我的人生嗎？

實踐人生最高版本

CC ／ Janet ／王俊凱／江振誠／劉軒　著

suncolor
三采文化

Contents 目錄

CHAPTER 01／

人生引導師 CC

▌我相信：愛是最大的力量

CHAPTER 02 /

知名藝人 Janet

我相信：每一面的自己都值得被接受

轉換人生的 10 件事

CHAPTER 03 /

奧丁丁集團創辦人 王俊凱
我相信：不放棄就有機會

堅持夢想的 10 件事

CHAPTER 04 /

暢銷作家 劉軒

我相信：Own My Decisions 我的決定我負責

CHAPTER 05 /

國際名廚 江振誠

我相信：人不能什麼都想要

你的人生是怎麼回事？

開始閱讀這本書之前，請你閉上眼睛詢問自己的內心：我的人生……是怎麼回事？我的人生，現在是什麼模樣？二十、三十年後回頭看，這幾十個年頭的生命，它的意義是什麼？

你覺得你主導人生，還是人生「發生在你身上」？

你的人生，有多少是外在環境投射的，還是自己設計的？你感覺你的力量很渺小，還是你相信，你能實現心之所想？這是我們內心都曾有的疑問，「人生到底是怎麼回事？」

「自我實現」是人生重要的議題，但鮮少有人願意靜下心來，探索自己的內心深處，尋找屬於自己的真理。我們都太習慣向「外」追尋，眼睛一睜開就是向外反應，直

到夜晚閉上。生活日復一日、不斷應付外在給予的投射，而人生有太多的人、事、物，並非是我們所能掌控的。

人的需求和慾望，讓我們對生活有種種的期待，迫使我們想主導和干涉周遭的事物，以達到我們的需求。當人生的起承轉合與自己的期待有所牴觸，我們會感到失望、徬徨、甚至氣怨。對人生的一切完全掌控，汲汲營營的生活和「無為，而無所不為」之間，哪裡才是平衡點？我們對生活有所期待，難道就該承受失落嗎？若要無為才能無所不為，難道讓一切由老天安排？

我們該用什麼觀點和信念來過「人生」呢？

本書的起心動念始於 2021 年中，台灣疫情突然爆發，生活像是被按了暫停鍵，每個人被迫關在家裡，眼前的生活重心突然模糊了。當時我深深地感受到，集體的能量瀰漫著無助、恐懼和徬徨，像是指南針失了方向在跳轉。某日早晨的靜坐和瑜伽，我如常地祈禱著，用意念傳送愛給每個靈魂時，內心有個聲音說：「是時候了！」接著，一本書的影像從腦中浮現。

你現在手握的書，就是這能量的結晶體。五位作者助人的信念和能量，透過無數靈魂的推助，將這本書送達到你手裡。我們衷心期待，透過書中每個文字和未來陸續製作的影音，能為你重啟潛藏已久的「內在力量」。

　　每個人都有屬於自己的生活歷境，都會面臨很難突破的人生障礙，我們稱之為「自己的人生課題」。這些課題透過我們所參與的事件，默默地提醒我們：這一關還沒有過喔！別人覺得很困難的事，我們不一定有同感。自己覺得很難的事，其他人也不一定會卡在裡頭。能突破困境或是繼續卡關，往往就在那一念之間。

　　那個念頭、聲音、觸動，促使我們選擇用「某個方式」反應。就是那個瞬間，面對困難、感到不安、無助的時候，往往不是「別人跟我們」說了什麼，而是自己內心的聲音，成就了我們今日的模樣。

人生的課題，往往不是問題本身，而是我們如何面對。而那個選擇，完全屬於我們。

我們「內心的聲音」讓人生的故事延續，你是否好奇，在這些成功人士的內心裡，他們跟自己說了些什麼？

正是那關鍵時刻的對話內容，成就了他們今日的模樣。揭露這些內心對話，我們可以選擇學習他們的觀點，啟動對自己更有助益的對話內容，提升自我對話的品質。如今科學已證實，我們都可以重寫自己腦中的語言，透過練習、重複輸入對自己有助益的想法，讓這些想法逐漸成為「信念」，能為自己所相信的事堅持。套入兩位作者——江振誠和王俊凱的共同信念：「有堅持才有累積，有累積才能成功。」

本書探討的第二項重點：他們的內心聲音是怎麼來的？他們的信念是怎麼形成的？行動背後的支撐和驅動力是什麼？當我們「很想」做一件事時，實際上我們要的是「得到後的感覺」。我想要瘦，因為瘦會讓我「感覺」輕盈，「感覺」有體力、健康，享受被人誇讚的愉悅感覺。

我們真正的驅動力是那件事帶來的成就感、愉悅感、安全感、被肯定、被愛的感覺。那個「感覺」才是我們真正想要的。

當我們對自己的驅動力有足夠的理解和清晰度，就能將這個驅動力與「生命的目的」連結，這個力量是非常強大的。

這是最高自我實現的關鍵。

當我們清楚人生的目的和驅動力，我們便能選擇「用意念轉化觀點」，注入新的思維，將身心靈同步向生命目的校準。這是至關重要的準備，它能帶領任何人度過人生的種種關卡，並向成就自我的最高版本邁進。這個人生的過程，稱之為「自我的實現」。望讀者以此觀點，將五位作者的故事精髓，帶入自己的生命，重啟自己對人生的目地的對話。

當我們掌握自己的內心語言，便能掌握自己的人生。

內心的語言像是電腦軟體，透過生活環境和經驗，無意識地輸進我們的腦袋和潛意識。可慶的是，我們也可以「有意識」地刪除、重灌、調整語言。我們都可以選擇採納有益的新觀點，讓新的思想幫助自己。

　　許多人能成功，實際上並非他們得天獨厚、生活一帆風順。當你了解他們的境遇，會發現關鍵在於他們在面對困境時，自我對話的正向品質。因為他們對人生目的有足夠的清晰度，能將理解轉化為堅持，為自己的堅持不斷努力，累積而成的。

　　期待本書能為你啟發新的觀點，對人生有更深層的領悟，幫助你實現「屬於自己的」人生版本！

　　賦予你「內心力量（Empowerment）」是本書的重點核心，我們盡力讓故事可以轉化為生活的實際面，不只是「某人的故事」停留在認知。我們希望讓力量滲入身體和情感裡，從心有戚戚焉的故事中，將思考內化為行動的力量，實現自己的「人生的最高版本」。

諸位作者的組合是上天完美的安排，無私分享他們最深處的內心對話和獨特的生活境遇。我要特別感謝四位完美的陣容。他們真的很棒、很有愛，義無反顧地認同這本書的助人信念。

　　我們衷心期待正在閱讀的你，能藉此發展出自己內心的力量。在實現自我的路程裡，期待你面對世界的紛擾，即使鳥屎突然從天而降、車子駛過水窪濺得你一身濕，你仍維持一派輕鬆的輕快腳步，臉上帶著微笑，興奮地說：「哇～～今天好特別呀！」步向前美好的一天！

　　Please enjoy the book！

圖片提供／iStock.com / Prathum

這本書來自於各方信念的匯集，
每一位作者都將版稅所得捐出，
以愛傳愛，我們一起以愛為出發點和終點。

五位作者版稅將捐贈至以下單位──
CC ／財團法人人智學教育基金會
Janet ／心臟病兒童基金會
王俊凱／臺東幸福食物銀行
江振誠／中華動物福祉國際交流協會
劉軒／家扶基金會
（依姓氏筆劃排序）

本書出版盈餘，三采文化將全數捐予伊甸社會福利基金會。

CHAPTER 01

人生引導師 CC

我相信：
愛是最大的力量

—— 給，想突破現狀的你

NO   **YES**

(渴望) ● ● ● 被父母肯定

(困境) ● ● ● 社會價值觀與內心背離

(信念) ● ● ● 以愛為出發點

我生長在一個不擅長表達愛的家庭裡。「愛」這個字好像是一個很難為情、不應該存在空氣中的發音。「無條件的愛」是我從未感受過的。在我的生命中，大多數的肯定都是「有條件」的。父母對孩子的應對，有意、無意的，常讓我感覺像是「交換來的」──我的「表現」要與他們的「期待符合」，我才能夠被誇獎、被肯定、被愛。

　　小時候，我的成績普普，老師在聯絡簿裡寫的內容，常讓我怕到不敢回家。我的姊姊很優秀，是台上的司儀，是老師眼中的模範生。小我七歲的弟弟出生了，更常讓我覺得不管我再怎麼努力，都無法得到媽媽的關愛，而弟弟隨便一個簡單的舉動、一張隨手塗鴉的生日快樂，媽媽都捧在掌心裡如獲至寶。或許因為這樣，十五歲時，當我有機會出國，我便義無反顧地隻身前往加拿大，高中努力三年，竟然進了當地最好的大學。那時，我才感受到前所未有、遲來的肯定。我的父母「似乎有」引我為傲。畢業後，我在北美的房地產事業越做越大，我感到爸爸無比的驕傲，不管走到哪，他都充滿熱情地向人介紹我的「豐功偉業」。

這樣長大的我，似乎習慣了「行為達標才能得到肯定」的公式。這些愛和肯定是有條件的，而我必須符合他們的價值觀，才能夠被讚美。這個公式延伸到社會，「有錢有地位才容易被尊重」。

　　我逐漸發現這些條件是不持久的、主觀的、似乎哪裡不合理，而且讓人的生活追得很辛苦。

有「錢」才能被愛？

　　金錢的重量在我的家庭生活舉足輕重。媽媽為了我們好，從小常把「女生要有錢」才能夠自處，或「長大不能依靠男生」這類的話掛在嘴邊。我也常感到錢不夠的種種不方便。例如上補習班，媽媽就會說：「跟爸爸拿錢！」爸爸就會說：「媽媽有存錢。」推來推去，最後我常常繳不出補習費。愛畫畫的我，常隔著書本藏一張紙偷偷畫，不免後腦勺常有重物飛來，伴隨斥喝聲：「當畫家會餓死，畢卡索是死後才有名的！」

我心想，有錢真的這麼重要嗎？因錢而衍生出來的恐怖氣氛，我倒是經驗不少。我對錢其實沒有太大的慾望，但因家庭環境，錢的重量在潛意識裡，被慢慢地堆疊。

　　為了追求家裡的愛和肯定，錢在我生命中越來越重要了。「賺很多錢，就是好寶寶！」當然，有錢確實好做事。出社會後，我更漸漸感受到世俗的狹隘，一種與我心中違背的價值觀。但為了求生存，並試著理解生活的運作，二十五歲到三十五歲的十年間，我人生的唯一志向，就是達到每個月美金三萬五千的被動收入（約台幣一百萬）。我每天都在動腦子，如何「躺著不做事」就能月入一百萬。當時的我深信，這樣我的人生就無憂無慮了！

　　對錢的渴求，吞蝕了人的自由靈魂。這個執念，剝奪了在地球生活的其他美好。

擺脫錢的束縛

從小就需要在「夾縫中求生存」的我，算是一個很好相處的人，出了社會也很容易交到朋友。我很幸運，有許多人生導師在我的生命中一一出現。每碰到值得學習的對象，我會鼓起逆毛的勇氣，一路追隨，直到他們說：「好吧，我可以教妳我成功的祕訣。」

就這樣追尋到 2015 年，即將達標每月收入三萬五千美金的我，金錢的重量似乎在與某位導師的相處中，從根部出現了裂痕，金錢是一切的信念開始動搖。與他的關係中，顯化了對我人生至關重要的問題：「錢」比較重要，還是忠於自己的「內在價值觀」比較重要？

與這位導師的結識，是在某場教育演講上。他只上台短短一小時，下台後就形成一個巨大的颱風圈，他被一層又一層的人群圍繞著。他賺錢的能力極其誇張，言行舉止、學歷背景、做事能力都厲害到讓人咋舌。三個人的公司做到三十人組織的基金規模。費盡一番推擠，我好不容易突破颱風圈外的人群，終於站到他面前時，我謙遜地對

他說：「可以請教您的名片嗎？」他用紳士般的誠懇笑容對我說：「謝謝妳，我沒有帶名片，因為我怕妳真的會打電話給我。」然後就瀟灑離開了，而我站在原地發愣⋯⋯這是什麼回答？

當然，我沒有放棄，用盡心思繼續找他，記得他曾分享自己的小兒子在國際撲克大賽中名列前茅。我心想這應該有新聞吧？姓氏應該一樣吧？最後，我還真的找到他的辦公室！輾轉一年，他成為我事業上重要的導師。就在認識他約兩三年時，我們共同成立了一個地產投資合作案，不僅讓我的投資人分散風險、穩定獲利，我的公司也有營運分利。

2015 年後，美國的房市非常火熱，投資人的獲利也越來越少了。有一天，老師突然一通電話告知他要縮小基金放款，提早退場，因為他對市場的看法並不樂觀。（這位老師真的很厲害，2008 至 2009 年雷曼兄弟，美國經濟蕭條前，他早在兩年前就完美收山，等待時機對了才又重回江湖。）

因為事關投資人的收益，我向他解釋我需要時間，我必須聯絡上每一位投資人，需要一兩週再回頭討論。但兩三天後，他不顧我的進度，無預警地直接將錢匯回來，還說利息只算到匯款日。這個動作代表，許多投資人還沒說上話，入袋的錢就無緣由地變少了。

　　我很錯愕，這事關誠信。這樣短短的時間，壓縮一個對投資人影響重大的決定，實在令人措手不及。說到最後，他是想維持自己的獲利水平。

　　我在內心不斷反思，我對這個「神等級」的老師是失望的。他的賺錢能力確實無庸置疑，依舊是我非常仰慕的優秀人。但我無法與一個沒有在情感上交心的人持續合作。那一年的聚會，我在深思熟慮後告訴他我不會去了。他很訝異（因為很少人會拒絕他），特地打電話來表達某些程度上的歉意，還給我更好的合作條件。最後，我還是婉拒他了。

　　在那時候的我，其實已經非常接近退休目標，但我感到人生應該不只是這樣。商場上的利益交涉，在我內心是

很衝突的。當一切只以利益為基礎時，也會因為利益方向不同、立場不同，讓一個關係隨時破滅，這在西方商場很常見。而亞洲人習慣隱晦，暗中背後戳你一刀。外國人就是直白，結束一場關係就是直接擺爛，直白到讓你驚訝，訴訟因此不勝枚舉。

　　我開始明瞭這一切，當關係建構在脆弱的人性和利益上，因錢而聚、因錢而散。而「人性」怎麼能夠改變呢？我們不能要求人人當聖女貞德，若一百個人裡，有一人不會因為錢而改變，就很了不起了，還要剛好被自己碰到。就像巴菲特說：「誠信是非常昂貴的，不要從便宜的人身上期待。」

　　經歷這件事之後我發現，我在乎的並不是錢。**我在乎的是對人的信賴、情感的真誠交流，這才是人與人連結的意義。**商場上的利益交換，金錢至上，這不是我要的人生。這段經歷在理性和靈性層面點醒了我。隔一年，我毅然結束在美國的商業投資，放下十多年的累積，走向深層的自我探索。

我必須向內重新審思人生，對我來說，什麼才是至關重要的？我想要什麼樣的生活？人生……是怎麼回事？我知道我想擺脫「錢的束縛」，我想跳脫社會價值觀的束縛。我必須放下父母的期許，和所有外在投射給我的生活枷鎖。但，要怎麼做呢？沒有錢……要怎麼生活？

我的覺醒

　　當我面對人生課題感到迷惘時，麥克辛格（Michael Singer）的著作《臣服實驗》，當時為我開啟了一扇門。他敘述自己從二十幾歲起，透過「臣服」於生活周遭的人事物，只要能夠幫助人，他便會臣服 Say Yes。不經意地，他服務小眾的軟體公司，竟一路成長到上市。透過臣服而演化出來的精彩人生，竟能成為上市公司的老闆？我太驚訝了！原來不需要汲汲營營，也能事業有成？

　　我開始「練習臣服」直到今日。我發現，這很類似老子的「無為，而無所不為」。老子坐在牛的背上，背對著路，讓牛帶他去哪裡，老子就去哪裡。當時我想，努力

用意志創造出來的結果，現在已知是這個模樣。那麼我來仿效臣服實驗，試試「Say Yes」的人生會帶我去哪裡？驚喜絕對不是事先安排策劃好的，否則它就不叫驚喜了！「臣服」會讓我們誤以為是無所事事、毫無成就，實際上它帶領我跳脫「自我限制」之外。

我太喜歡他的書了，我持續閱讀他的另一本經典《覺醒的你》。而這本書才是真正讓我走上靈性成長的重要根基。它帶我深刻體會宇宙宏觀的一切，包含所有的人事物都「不是」可控的，也「不應該」由人類來干涉和掌控。地球演化幾十億年，本是毫無特殊、不需要被定義的自然演變，就因為某事件從我們的身體感官經過，我們不自覺地，起了某種主觀的批判。

我們因個人經驗，對事件貼上各樣的標籤。我們的情緒對應標籤下的思想，產生愉悅、不愉悅的感受，喜歡、不喜歡的想法。我們設法讓自己「一直」感到開心、「一直」感到愉悅，設法控制所有的外在環境，將不愉悅的向外推，使愉悅的待在身邊。我們變得只在乎外在環境，不知不覺地，我們喪失了內在的力量和平靜。

「人因感官而有所羈絆」，而我不想這樣，我想跳脫感官的羈絆。如果我能停止「起反應」，只是單純地感受；如果可以停止貼標籤，只是單純地活著、存在著，那麼我是否可以達到一個境界——沒有條件地、無時無刻地感到滿足？我是否能打破「行為符合才能被愛」的公式？我開始試著將羈絆我的驅動力，一層一層剝開。

我常問自己：**此時此刻，我為什麼在做這件事？我最深處的驅動力是什麼？**我想瞭解驅使我行動和思考的所有根源。我想放下這個四十年累積出來的「我」——小我、個性我、身體我；我想徹底解決一切的束縛，感受和分享無條件的愛；我想無時無刻地感到和諧，無憂無慮地自在飛翔。我想回到印象中的兒時，我對所有事物感到新奇和喜愛，自在跳躍、在地上滾爬、望天飛翔、我想將自己帶回那最純真、無世俗包袱的我。

我持續發掘：我……是……誰？我的生活到底要追求什麼？生命的意義是什麼？我的存在又代表什麼？我常想，除了留了一堆碳足跡，我真正留下了什麼？最終，這五年的沉澱沒有白費，我領悟了許多人生的道理，並且很

確定未來的四十年，我希望感動千萬個靈魂、人和動物。

Touch 10M Souls - Human and Animals

最重要的人生導師 Jon Butcher

此時不能不提起我人生最重要的導師 Jon Butcher。他刷新了所謂「成功人士」的狹隘定義。Jon 不僅是個億萬富翁，還擁有健康平衡的人生，身材俊好、六塊腹肌、思路清晰。初見他時，他牽著老婆，雙人赤腳站在大得像藝術館的家門口，手握著香檳微笑地迎接我們。

他將人生分成十二項重點：健康、智慧、情緒、人格、靈性、友誼、家庭、愛情、金錢、職涯、生活品質、靈魂目的。他教導的 Lifebook（我的人生之書）有邏輯、規劃性地引導人執行人生目標的大小細節。畢竟我們從小受的教育，必須用理性和科學去思考。現在回頭看，或許因為我已認真執行過，有組織性的人生規劃會得到什麼，我才願意去選擇一個完全臣服的「盲包版本」來試試人

生。因為 Jon，我才開始接觸靜坐，因為他女兒，我對瑜伽產生興趣，因為 Lifebook 我接觸到麥克辛格的書。這一切都是因他。我終生的感謝他在我生命的意義和友誼。

於是，我的「盲包版人生」約從 2017 年開始啟動。我向許多機會和學習 Say Yes！瑜伽教師證照、靈氣大師、各種能量療法、動物溝通……這些過程讓我練習把「自我」放在一旁，不讓腦中那個急於保護自己的聲音、長年累積的身體喜好，干擾到可能屬於我的、更寬廣的人生實現。

這就好比「量子力學」的生活應用，當你已經鎖定了一個目標，量子就用你鎖定的方式呈現。我們的人生，也會因為舊習思考讓驚喜變得有限，難成就「理解之外」的事。在盲包版人生裡，我練習放開個人喜好的鎖定、對人事物的執念，我不斷在內心許願，我願意讓驚喜發生，我向宇宙的無限可能 Say Yes！當有一個要求、一個機會，只要對人無害或可以幫到人，我就說：好！好！好！

這樣的實驗，真的很好玩，我的人生有了很大的轉變。人活在天與地之間，天地不是我們能夠控制的，這世界的一切、病毒怎麼演化、別人會說什麼……都不是我能夠控制的。就像「斯多葛」的精髓（Stoicism）：將能量放在「可控」的事物上。放眼望去，什麼可控？只有「自己」是可控的。我們都可以把自己做好，做自己人生的主人。

甘地說："Be the Change You Wish to See in the World."
讓自己成為你想看到的改變。

　　我不斷用這句話勉勵自己，將自己做好，不要要求或奢望別人改變，不要抱怨外在的因素。把自己做好，讓自己成為那個改變！因為當每個人都這麼做時，世界就會改變了。

　　我們都可以成為正向的因素，影響一個人，一個人就好。那一個人，不是你的伴侶、父母、或老闆。那個人……就是你自己。

圖片提供／CC

小小蒲公英
也可以散播愛到各地

跳脫出感官的束縛、小我的羈絆

因瑜伽和靈性成長的學習，我接觸到印度經典《薄伽梵歌》——一本描述幾千年前印度的一場內戰，一個被流放的王子，礙於時勢和職責身分，他必須攻打自己的家園，面對至親不得不殺戮的內心掙扎故事。這個經典是王子和造物者（神）之間的對話，充滿著深奧的人生和宇宙的智慧。這本書給我極大的啟發，當我對人生有疑問時，它必定是我重新翻閱的床頭書。

書中的王子手握著韁繩，駕馭著戰馬車，心中充滿著掙扎和疑惑。王子被隱喻為人的意識，而韁繩是人的意念，戰馬是人的肉身。王子應該要能用意念駕馭他的戰馬，不讓馬在戰場中亂飛奔馳。我們在人生中，也不應該任由感官牽制生活的一切。《薄伽梵歌》教導我們要平等看待二元對立的事物：好惡、成敗、榮辱、冷熱。從內在捨棄，放下自我，臣服外在事物，不執著於感官慾望。

造物者對人類並沒有分別心，太陽照著地球的每一個角落，地球支撐著無限的生命。而人卻因為感官貪戀，

興起各種執念和妄念，造成自己的痛苦和毀滅。我們嘴裡說的愛，常因主觀感受而起。當我們說「我愛你」，其實底下的意義是「我愛你給我的感覺」。而「無我」的愛，非因評論而生，它是一個無盡的能量、廣闊的、肉眼看不到的，無字可形容的「合一」感受；合一意味著「我就是你的一部分」、「我和你沒有不同」。當母親抱著剛出世的孩子，孩子與母親由一分為二，那短暫的片刻，母親能感受到與孩子無條件的愛。而《薄伽梵歌》述：愛的本質就是合一。我們與造物一分為二，才能有愛，有合一的渴望。

有些人有幸於深層靜坐、瀕死經驗，或是靈性體悟中，清楚連結到所謂造物者、上主、神、指導靈。這般體驗常闡述到「無條件的愛」的感受。愛是人類意識最高的頻率，人類要能達到真正的和諧，必須回到愛的本質。若無法感受到，我們可先從理性領悟：分離和合一看似二元，卻是一體。有分離才有合一，有黑才有白。人需要放下外在二元對立的標籤，不是只想要光明，不要黑暗，只要其一，而不要它標籤下的分身。我們不需要分裂種族、宗教、階層，我們都是地球人，而地球為宇宙的一體。

人類是多維的生物，我們的思維不僅影響自身的生物機制，更包括體內、體外的能量。人類透過能量，不僅集體參與和影響整個地球，遠則至無止境的多維宇宙。從量子力學的角度思考，我們的思維可立即影響量子的反應，彷彿它就是我們的一部分，沒有時間、空間的限制。

　　我們的思想也可立即改變情緒、體感，有如望梅止渴、破涕而笑。思想是人體內的能量脈衝，透過細胞、神經如光電般傳送。人類的集體意識和能量以同理，傳遍至整個宇宙。

　　當人類限制自己的意識，只從單一的物質角度看待生活，便會覺得人和世界是分離的：你的身體和我的是分開的，你是你，我是我。但從能量和量子的角度看待，或許更能理解，我們是一體的、我們是連結的。當人過度依賴理性思考，習慣以「我」為出發點，世界則演變成如今的模樣。

　　理解到這個道理，我便無時無刻提醒自己，把「自我」的思考點放下來。用「我們都是一體」、以「愛」為

圖片提供／CC

出發點，讓自己成為一個愛的小分子，幫助人類和地球回到最自然的和諧。在我的家庭環境裡，雖然沒那麼的容易，但你我都可以慢慢練習，讓自己成為地球上實現愛的一個小分子。

「世間汲汲營營，為名為利，無非都只是反映我們內心對愛的需要和渴望而已。」──薄伽梵歌

以愛為出發點

　　我從小就很享受幫助人的感覺,「感動千萬個靈魂——人和動物」是我的心願。一千萬個靈魂是象徵性的數字,而我更在乎的其實是質量。以愛為出發點,不管是面對十萬人的演講,還是面對一個人的深度對話,我相信能觸碰到一個靈魂,都是在我們生命中別具意義、豐富彼此生命的過程。幫助一個人實現自己更好的那一面,讓靈魂、意識不斷的提升,是我人生存在的重要意義。

　　2021 年,新冠疫情在台灣升溫,能夠與四位完美陣容,共同創作一本有意義的公益書,確實是一件大事。從不認識、不相熟,找管道、聯繫、邀約到拒絕……因為多年來的內心修煉,當我想做一件事時,我專注於「要如何執行」。或許會有一個小聲音偷偷地說「他拒絕怎麼辦?」「我又不是什麼人」「他幹麼要跟我合作?」我回想,這類的內心話可能出現過,只是我沒有理會它而已(笑)。

　　我發現這是一個重要的練習:學習把沒有支持力的內

心戲當耳邊風。當一個心念出現時，我學會去審視「為何想做這件事？」我必須確定它不是從「小我」的自私點出發，像虛榮心或因名利而感到興奮的情緒而起。

以「自我的利益」為驅動力，過程會使人痛苦。因為我們的喜悅和快樂將搭建在別人的反應上——答應、不答應，成功、不成功。我們必須練習排除，不將自己的情緒建立在外界的不可控上。多年來，深度的察覺和自我對話的練習，讓我每當有「意念升起」時，我不會馬上行動，而是先審視自己的出發點，與這個「想行動」的衝動對話。將驅動力整理清楚：我的初心是什麼？我想要得到什麼？給自己足夠的審視時間，確認是以愛為出發點，我才會開始思考要如何執行和是否真的要執行。

清楚的目標，以無我、以愛為出發點，將身心靈與目標校準，臣服於天地與時間推進。就這樣，這本書誕生了。

以愛為出發點還有一個很大的優勢，就是不管結果如何，我似乎都能維持著喜悅、充滿希望。因為這本書的初

心，就是給人力量。不管有多少人因此得到力量、因此而受惠，我都把它的影響力交給老天爺。結果非我所控，可控的是我在過程努力，用誠心和愛，邀請我理想中的作者們參與。不管因什麼原因而被拒絕，我始終能保持著平靜和快樂的心，等待下一個宇宙覺得「更適合」的作者和我說「好」！

這是一個很強大的正向信念。我近年的人生故事，就是以此信念形成的。我已經試過用小我、用意志，經營塑造了一個里程碑。我知道它少了些什麼。現在我用無我、臣服、和愛，試著再創造下一個人生情境。我必須要說，第二個信念實在比第一個好太多了。我由衷地鼓勵你，也試試這樣過你的人生！

我相信「愛是最大的力量」。

將身心靈同步向「生命目的」校準，是自我實現的最大力量。你、我都可以掌握內心的語言，實現屬於自己的人生更高版本。

" 重啟你的人生內在力量 "

你的人生充滿疑惑嗎？現在，請靜下心來，找張紙，
寫下你所有的困惑。

_____

_____

_____

_____

_____

_____

_____

_____

讀完這本書後，請再回頭看看這些文字，察覺此書給
你的內在力量和啟發。

接下來的故事，不僅僅是「別人的」故事，而是能夠
重啟屬於你內在力量的故事。

CHAPTER 02

知名藝人 Janet

我相信：
每一面的自己都
值得被接受

—— 給，老覺得不夠好的自己

NO ⬤ YES

渴望 ● ● ● 我渴望受人矚目

困境 ● ● ● 別人要的完美，不是我

信念 ● ● ● 接受自己，展露自信

小時候我的重心就是小提琴，透過小提琴我得到很多快樂和肯定，尤其去表演時還可以順便旅遊、可以打扮得漂漂亮亮的。我算是拉得還不錯，也有很多人注意到我，還曾去過白宮、去歐洲表演，它讓我見到各種樣子的舞台、打開了眼界。我很享受這種被注視的感覺，喜歡在整個團體裡脫穎而出，我想將來一定要當個首席小提琴手，或是小提琴獨奏家。

一次失誤，世界崩塌了

　　差不多十三歲時，我參加年度的大休士頓青少年交響樂團（Greater Houston Youth Orchestra）的小提琴獨奏面試，可想而知樂團成員都是休士頓最頂尖的樂手。面試之前，我已經練了一整年的柴可夫斯基《D 大調小提琴協奏曲》，一首我最愛的曲子，我自認練得不錯，曲子的挑戰性也符合樂團的口味，沒想到發生了一件意外，這件事直到現在都還深深地影響著我。

圖片提供／Janet

記得那天審核現場有個表演舞台，台上有架伴奏的鋼琴，舞台中央就是測試者表演的地方，台下坐著三、四位評審。剛開始我沒覺得特別緊張，輪到我就上去，只是當我站好位置，把琴譜放到架上時，就聽到台下傳來一個評審的聲音說：「不好意思，這演奏是要背好，不能看譜的。」

　　頓時我卡住了，愣在台上。後來對方表示可能是溝通上有落差，給了我三十分鐘的時間練習。我趕緊下台，跟著我的鋼琴伴奏老師去旁邊的小房間，排練一次沒有看譜的演奏。記得那天在小房間的練習，是我這輩子拉過最好的一次，過程完全沒有錯誤、很完美，好到連外頭經過的人都特地探頭誇讚我。頓時我覺得充滿自信，跟評審說，我準備好了。

　　一開始也真的很順利，但差不多三、五分鐘後，我就突然停了下來。我不知道為何會停下，甚至我也沒有拉錯。我的琴師因為不是平常練習的夥伴，兩人沒有足夠的默契，所以她看到我停下，也就跟著停了……我們兩個就傻在那邊。後來我試著冷靜，跟她說我們從某某地方重新

再來。一開始很順利，但沒多久我竟然又停了，這一次我還是一樣不知道為什麼，不過這一次我就開始慌了。

之後我的表演就是一會拉，一會停，一會拉，一會停，走走停停間我都不知道我究竟拉得怎樣，只知道曲子還沒拉完，時間就到了。隨後三位評審依序講評，前兩位都很客氣地說，剛開始的第一段滿好的，但第二段之後就比較平……然後輪到第三位評審也是樂團的指揮講評，他也是我比較熟悉的人。我記得當時他抬起頭，認真地看著我說：Janet, what happened？（妳怎麼了？）然而，我只是看著他，一句話都說不出來。

我知道我再也沒有第二次的機會，我的世界崩塌了。

那一句「你怎麼了」，表示他覺得我是有能力和機會的。原本機會就掌握在我手裡，但是我卻沒能把握住，是我自己沒有弄懂規則，是我自己一直停下來，是我自己沒跟鋼琴伴奏溝通好……總之，我無法責怪任何人，就算萬事俱備，但最終就是因為我自己沒有做好。

滿滿的期待卻因為自己而失敗，一切的挫折只能往肚子裡面吞，當時才十三歲的我根本不知怎麼面對。這事件也成了一顆不安定的種子，埋在我的心裡，在往後每當我追求夢想、迎來注目時，都化成恐懼的陰影隨之浮出，一直到現在。

想要人人稱羨的夢幻生活

不過幸好，我沒有因為這件事害怕到不敢再次站在聚光燈下。相反的，二十二歲那年，本來要讀醫學院的我，在台灣碰到了拍廣告的機會，也讓我認識了演藝圈的人，接觸到那人人稱羨的「夢幻生活」。拍廣告時，你就是中心，大家都在看你，就算我不是女主角只能算是第三位，但我仍然有那一種 I'm kind of important.（我很重要）的感覺。

那時我會跟演藝圈的朋友出去玩或去餐廳吃飯，體驗到一些與以往有別的特殊待遇，走在路上也會有人認識你、找你簽名，就像打開了新世界一樣，我也開始覺得

「我有機會變成這樣的人」。這樣的念頭一旦萌芽，就再也放不掉了。

雖然後來我還是回了美國準備念醫學院，但我的心卻留在台灣，那個小火苗依然存在。所以只要有任何一位導演想要「跟我見面」，只要有任何一個小小的藉口，都可以讓我隨時放棄醫學院，因為我真的很想變成出名的人。加上我錄取的醫學院並不是最想要的，要是當時我錄取上夢幻學校的話，或許我不會放棄醫學院。而且如果沒人找我繼續拍廣告的話，我應該就是進醫學院讀書了。

放棄醫學院是一個漫長的交涉過程，我得先說服自己，然後說服我爸爸媽媽，說服自己沒有大問題，但要說服爸媽就比較有心理障礙。不是因為欠他們什麼，或他們逼我一定要做什麼，只是某種程度上我覺得有負罪感，我需要向他們好好解釋。

當時那個惶恐與期待的過程，也很像此刻的我，寫這本書的當下，我正在做回美國生活的準備，內心有一點點害怕，也有一些興奮，畢竟目標似乎就已經在前方。

然而，當時我把一切想得太簡單、太完美了，以為只要回到台灣就可以馬上變得像藝人歌星們一樣風光。畢竟那時候我有好幾個朋友已經很紅了，所以我覺得「我應該也會很容易」，但回來以後才發現，不，不是這樣的！

　　我沒有想到，我的外表不符合模特兒圈的標準，要瘦又要白，真的，那時台灣的模特兒都超級瘦，瘦到好像只有皮包骨。而且我的皮膚一點都不白，還很愛曬太陽，不只如此，我還很愛吃，很愛……做自己。於是進入模特兒圈的三年裡，我一直在減肥。

　　過去在美國我從沒有減肥過，現在突然要減，而且是極端、快速地減，以我一百七十三公分高，要瘦到低於五十公斤真的很難。現在回想起來真的是好痛苦，或許我可以用運動來變瘦，但絕對不想變成皮包骨那樣瘦，我真的沒辦法，做到他們要求我變成的那個樣子。

體重成了我的唯一價值

那時我都會跟自己說：
「現在之所以不成功，是因為妳不夠瘦！」
「現在走在路上沒人認得妳，是因為妳不夠瘦！」
「妳中文不好，也是因為妳不夠瘦！」
反正我滿腦子想的都是一樣，就是我不夠瘦，我對自我的所有價值都建立在「我有沒有低於五十公斤」的這個條件上。

我的體重上上下下，情緒也跟著上上下下。我愛吃，食物曾是我生活很重要的一部分，我沒想到有一天，食物會同時變成我的「解藥」和「敵人」。更糟糕的是，我開始用不健康的方式減肥，比如，我整天都不吃東西一直運動；我去試了一種藍色的藥，說是可以排掉身上的油；還試過只吃肉的減肥法，總之我嘗試過各種方法。

狀態好的時候，我就穿辣一點，覺得自己站在世界的頂端，不好的時候，我就恨自己，覺得自己很沒用。期間我也會質疑自己……當初為何要放棄醫學院？我是不是很

笨？我是不是很差勁？但在這種自我貶抑，心情很不好的時候，食物又變成了我的救贖，我會用它來填滿所有心裡的空虛。

　　平常我會忍忍忍，忍到沒辦法，便去狂買一大堆垃圾食物，然後吃光光，一邊吃、一邊哭、一邊痛恨自己，即使已經飽到不行，我還是會一直塞。我知道有些人會用催吐的方法減肥，但我吐不出來，就算我故意吃壞肚子食物中毒，還是吐不出來，我也有用手去挖，想要催吐，但不知道是不是一種自我保護機制，每次食物嘔到喉頭的時候就會自動再掉回去。也或許，我心裡其實很排斥這種方法，因為如果吐了，我就有可能是得了暴食症（bulimia），但只要我還沒有吐出來，我就沒有生病，我就沒有問題。

　　我騙自己，真的是騙自己，明明知道可能真的病了，但我也只敢抱著馬桶一直哭。甚至有時候，我根本不想活，我會待在房裡一直睡，不想看到太陽，別誤會，我不是想自殺，也不會傷害自己，我只是不想活，因為我不知道我活著要幹麼。我就是在那裡躺著，反正「我什麼都不

是」。我可以睡一整天，直到半夜兩、三點，肚子餓得沒辦法了，就去便利商店再買一大堆東西回來吃。

尋找與食物的連結

日復一日、惡性循環，我都不知道自己是誰了。我沒辦法看鏡子，家裡也不會有鏡子。有一天我去找一位藝人朋友，當然，那天我的狀態還不錯，不然我也不會想要出門。但那天不知為什麼會有狗仔隊來偷拍，平常都會躲鏡頭的我，不管怎樣都會被拍到，雖然他們主要是拍我朋友，我只是站在他旁邊的一個人而已。

出刊之前，我一度心存僥倖有些小期待，幻想自己被拍出來的樣子是還可以的。但當我實際看到報紙的時候，我整個大崩潰！OMG！那是我嗎？我完全認不出也不想承認，但照片騙不了人，那個人的確是我，是那個我一點也不想面對的我。

那時我回美國住一個月，但過程很糟，因為身邊愛你

的家人都會想要拉你一把，可是他們不了解整個狀況，尤其是父母，他們只會覺得沒什麼大不了的，會講一些「那妳就放棄啊！」或是「那妳就不要吃了啊！」這類他們以為很簡單就可以做到的話。有一次我爸還說：「妳幹麼那麼難過？開心起來就好了啊！」

他們不知道講這些是沒有用的，問題真的沒有那麼簡單。而且大家不了解「吃」這件事對我造成的障礙，畢竟我以前從沒這樣，他們也沒經歷過這種事。所以就算我跟他們強調：「我沒辦法不吃」、「我沒辦法控制我自己的飲食」，他們也不能體會。甚至我已經拜託他們，不要在家裡放任何食物，不然我會統統拿出來吃掉，他們也不能理解。

心理諮商師說，我是因為喪失了跟食物的連結，所以才會不知道要如何去享受食物。他要我去買巧克力，含在嘴裡，讓它慢慢融化，慢慢地去體驗、去享受它。我想「好啊！有藉口可以吃巧克力，太好了！」可每當我想把巧克力拿起來的時候，我只感覺到「害怕」，NO！NO！NO！我不能碰這東西！我好不容易才停止吃這些

垃圾食物，我真的很怕碰了這巧克力以後，我又會開始大吃起來，我不想、我不要⋯⋯難道我又要開始失控、又要開始亂塞了嗎？

我把巧克力放在嘴邊，放下，又拿起來，又放下，就像坐雲霄飛車，心情也上上下下。天啊！我好想念，只是單純享受巧克力的感覺啊！

天知道我後來花了多久的時間，才把一塊巧克力放進嘴裡，那還是一塊純度高達90％的黑巧克力。我害怕如果吃的不是黑巧克力，會太甜、太油、卡路里會太多，我就是怕很多東西，怕我待會要想辦法吐出來，怕我要去跑步一小時才能把熱量消耗掉。但諮商師要我「**什麼都不要去想，只要好好享受巧克力就行**」。

這樣的練習持續了好一陣子，直到有一天我在吃巧克力的時候，突然好像感受到了巧克力的味道跟質地⋯⋯當時我的眼淚瞬間掉了下來，我終於找到享受食物的感覺。然後我就一直哭，因為我害怕這種享受的感覺會不見，而它也確實很快就又不見了。

在美國的時候，我以為我已經康復，因為始終不想放棄台灣的工作便決定回來。剛回來的時候，我從原本的六十多變成五十五公斤，大家一看感覺我還不錯，好像又可以接一些工作了。只是一回到工作狀態，那個巧克力的感動就不見了，巧克力又變回我的敵人。任何的飯局邀約我就是說「不行」、「對不起」、「我那天剛好要跑步」，我告訴自己絕對不能享受美食，會胖的，於是我又回到最初的狀態。這樣的生活我至少持續了三、四年，真的很久，真的很痛苦。

放棄夢想的那一刻

雖然這次我的工作還是沒有到很穩定，但起碼我有學聰明一點了，沒有把所有的希望都寄託在模特兒工作上，所以接了一些國外的通告，去了泰國、越南，還有新加坡、香港等等。在國外的時候，我發現自己整個人都放輕鬆了，所以回到台灣以後，只要心情不好，我也會想辦法到處去走走、曬曬陽光，去花蓮、台東、墾丁，或者去爬個山接近大自然。這時才知道真正會讓我開心的事就是旅

行，好比每次去印度學習瑜伽，回來都覺得神清氣爽，或者每次拍完廣告，我也會馬上飛去新加坡去找姊姊玩。

　　為了分散壓力，我也開始接英文家教、接小提琴的表演工作，一些不必在意我的外表的工作，如此我就不必一直「看自己」，不用擔心我的外表。不過就算這段期間我已經漸漸不會用食物來滿足自己，但內心還是會感到有些空虛，也開始覺得應該去談個戀愛，於是，我轉而用戀愛來填補心底的空洞。

　　可是，這時候我又會變得太依賴對方、太依賴有人愛的填空感，只要某個男生對我有好感，我就會想盡辦法抓住他，把生活所有的東西、所有的重心都放在那個人身上。當時我遇到一個以前認識的法國男生，因為他認識的我，是當模特兒之前的我，所以重逢的時候我也好像回到過去一樣，覺得一切都很好、很浪漫，因此我很想「抓住」他。為了他，我搬去法國，覺得「我只要有他就開心了」、「有他就不需要再當模特兒了」。

但他愛的並不是我，不是那一個會一直黏著他的女生。我的百分之百依賴，讓我們衝突越來越大，每當他越想離開，我就越想抓住他。這樣的生活很痛苦，就在我們的關係直線下降的時候，我的問題又回來了，我又開始暴食、又開始變胖。所有曾經不好的一切，包括對食物、對身體不了解的一切，統統都回來了。最終在法國待了六個月後，我再度搬回到台灣。

我知道我的生活出了狀況，但我不知道要怎麼解決，只能到處去找新方法。於是我開始去申請到遠方當義工的機會，我想或許我就是要被丟到某個非洲的偏僻角落才行，然後也重新準備醫學院的考試，還有既然我那麼喜歡攝影，或許可以試著去辦個攝影展之類。反正，我就是到處去找「事」來做，任何事都可以！與此同時，我也開始跟大家說再見，因為這次我是真心覺得台灣不適合我，是時候放棄台灣夢了。

打算放棄之後，我就真的不管了。為了多存點錢，在離開前只要有工作機會我都接，曾經我太在意自己在外面的樣子，拒絕了一些工作，現在我也不管自己是否準備

圖片提供／Janet

好，反正有機會就去試鏡。我索性就豁出去，就算只是在一場秀裡當個玩偶都不在乎，目標就是多賺一點錢嘛！等賺完錢，我就要離開台灣。

不是我不適合它，是它不適合我

那時我也兼差教小 S 英文，有次上課我跟她說我要離開了，說台灣不適合我、現在的生活不是我要的，然後她就問我：「那妳真正想要的是什麼？」我說：「我也不知道。我只知道我喜歡旅遊、喜歡吃、喜歡曬太陽。」她聽了以後就跟我說：「那還滿像主持人的啊！」「主持人？」聽她這樣說，我只覺得陌生，「主持人」是一種「職業」嗎？我以為進入演藝圈，就是要當模特兒然後去演戲，演了戲之後才可以變成明星。所以主持人是什麼？

不過，反正我都要離開了，所以就算小 S 介紹詹仁雄，又輾轉介紹了製作人李景白給我認識，我都沒放在心上。記得那天，詹仁雄打電話給我，說他一個製作人朋友要找人試鏡，希望我在一小時後到場。要是以前我怎麼可

能一個小時內就出現？我至少會說：「再給我兩天！」然後在那兩天裡，不吃東西狂運動，之後我才敢出門。但反正我都要放棄了，哪有什麼差別？所以隨便穿穿我就出門了，我想說就當是 Say hi 吧，連是什麼試鏡我都沒問。

試鏡的時候，我很簡單地介紹了一下我自己，「大家好，我是 Janet，我一百七十三公分、五十三公斤。」然後製作人要我分享去過哪些地方？為什麼喜歡旅遊？等等的問題，要我講個五分鐘左右。他們說可以給我時間準備，但我無所謂就說：「直接來吧！我要講的是印度，我很喜歡印度，因為……」我講了一人堆，也沒有在管我中文好不好，當中還丟了一堆台語、英文進去。雖說我不是完全不在乎，但就是，我也沒什麼好失去的。

直到我要離開的時候，我都還搞不清狀況，只記得李景白送我去搭電梯，順便聊了些東西。我那時並不知道原來他們對我有興趣，我只是覺得這個人好紳士、人很親切。兩週後，其實我已經買好機票，東西也都打包寄回美國了，正當我們全家人一起在埃及做三個星期旅行的時候，接到李景白的電話，說要第二次面試。最終他們選了

我當主持人，而這個節目就是《瘋台灣》。

　　記得他們告訴我，要我當節目主持人的時候，我還傻傻地覺得「蛤？ what ？」然後我問他：「那我是不是要開始減肥？是不是需要美白？是不是還需要⋯⋯？」我問了一堆問題，以為肯定會得到「要」的回覆，沒想到答案卻是我從來沒聽過的。

　　「妳不用減肥啊！妳為什麼要減肥？妳有胖嗎？」李景白說。反而是我愣住了：「那⋯⋯要先美白嗎？」「美白？美白個屁啊！妳是外景主持人耶，妳搞不好還會曬得更黑！」我不敢相信，這是真的嗎？老實說，一開始我還不放心私下偷偷減肥、偷偷躲太陽。但製作單位都沒有給我任何壓力，沒有要求我一定要有什麼樣子，好像，我就是我。

　　那時主持節目對我來講，完全是一個新的挑戰。老實說，我也沒有時間去想別的事，每天忙著背台詞、研究拍攝內容。吃飯也都是跟大家一起，別人吃什麼我就吃什麼，當然我想的話，我還是可以去便利商店大買大吃，但

我常常因為拍攝一整天，太累了，拍完就直接去睡覺。

　　沒想到這樣的工作環境，幫助我走出了陰霾。當然我偶爾還是會有低潮，或壓力特別大的時候，又或者法國男朋友聯絡我時，我還是會很雀躍，但失聯時我又會回到吃跟睡的封閉狀態。但總體而言，我在這段時間因為工作，慢慢地找回了最初的我。**我的重心不再是體重數字，而是如何讓自己更好。**

　　雖然我依舊是把注意力放在自己身上，但跟以往不同，現在我只會在我可以進步的地方努力，好比主持得不好，就去看回顧帶、多去做一點研究，然後試著去改進。不像減肥，減肥好像永遠都看不到結果，減肥不會讓我快樂。因為《瘋台灣》這個機會，我終於慢慢好了起來，雖說主持工作壓力也很大，但過程卻是享受的。

真實地面對自己

　　這世界上有太多人沒辦法真正地面對自己，即使知道內心和外在表現的不一樣，也不敢大聲說出來，不能做自己，只能去演別人，演久了當然會不開心。因為，那不是你。慶幸的是，我現在能坦然承認跟接受「我就是這樣」。我知道自己是誰、我的位置在哪裡，我有哪些優點、缺點，喜歡挑戰也會害怕壓力，但不管是好的、不好的，這都是我，都是我的人生。

　　現在我知道，我就是一個需要把自己丟在不舒服的環境中受些刺激、挑戰後，才能更瞭解自己、發掘出自己更多面向的人。雖然這些體驗有期待也有恐懼，但我會試著**把專注力放在我的目標，而不只是我害怕的事情上**。

　　這樣說好像我的人生就此迎刃而解、一帆風順了，但當然不是，我還是會有想要自己更完美，壓力不斷累積而掉進低潮的時候。好比有一次，我接了一個演戲工作，要演一位籃球教練，可是我的台詞好多，多到我背不起來，然後我又開始緊張覺得形象要破滅了，他們要的我做不

到。而身邊跟我競爭、比我年輕、外型更好的大有人在，加上劇組其他演員好像都比我厲害，壓力就這樣開始累積，然後我就又崩潰了。

那天我回到家就是一直哭，哭到停不下來。當時我跟老公 George 正在交往，所以我就打電話給他，但他從來沒有接觸過我的這個面向，一時間也不知道該如何應對，只會一直說「沒關係」、「沒關係」。可是只要他一講，我就哭得更厲害，因為他講什麼都不對，或許對他來說，我不就是過了很糟的一天或是可能月經來了而已。但我自己知道事情沒有那麼簡單，我很擔心是不是又回到那三年的恐怖狀態。

後來我想到我姊姊，姊姊知道我這樣的狀態，知道我曾經發生過什麼事。所以我打給她，我記得那時候是半夜，一開始她沒有接電話，但她很快就回撥國際電話給我，聽到我的聲音，姊姊什麼都沒多說，只是告訴我：「我在這裡……」然後十分鐘、二十分鐘過去，她就是一直拿著電話，什麼都沒有說、也沒有掛斷，一直在那裡陪著，但這正是我真正需要的。記得到最後，我還邊哭邊笑

地說：「這通電話⋯⋯好貴⋯⋯」講完電話後我的心情也平復了一些，然後我就把這次的經驗給錄了下來。

　　像是跟諮商師對話一樣，記錄已經變成我的習慣，好比寫日記一樣。這是以前我不會做的事，因為我討厭看到自己，但後來我會在心情稍微好一點的時候，把當時經歷過的情緒給錄下來。在拍的當下，我沒想要把這個影片分享給其他人看。然而有一次，有人透過經紀公司問我，說他有憂鬱症但每次看到我在電視上都很正向、活潑，想問我用什麼辦法來維持這樣的狀態？這時我才意識到，或許我碰到的困難、憂鬱症的經驗，是可以幫到別人的。所以，我就把記錄自己的影片放上網路了。

　　參與這本書的當下，我正經歷要搬回美國居住，對未來有著種種不確定的不安狀態。我自然希望可以在好萊塢有更多的發展，在一個新的環境下重新啟動，接觸不同的人生機會，但我同時也很怕這個過程和新的壓力，有可能會讓我再次陷下去。我真的很擔心也非常害怕。

　　只是再度面對挑戰，我知道自己不會再像過去一樣

手足無措，畢竟家人、朋友，甚至是專業的諮商師，都會對我有很大的幫助，好比我的姊姊，就是我一個很大的支柱。有時候事情明明很簡單，但我卻在腦中把它給複雜化，所以我真的很感謝所有幫助過我的人，在我需要的時候，願意聽我訴說，就算只是靜靜地聽著。所以，我也想和大家說，不要害怕去說「我需要幫助」，甚至你會很驚訝地發現，原來你的傷痛也可能幫助到別人。

Photo ／KRIS、Make Up ／李凱潔 @jadeleemakeup、Hair ／zin hair styling

這世上有太多人沒辦法真正地面對自己，
不能做自己，只能去演別人。

我慶幸現在能坦然承認跟接受「我就是這樣」。
我知道自己是誰、我有哪些優缺點，
但不管是好的、不好的，這都是我，都是我的人生。

01

" 你想要的
不一定是你需要的 "

有時候，我們的焦慮來源，是因為「想要的」跟「需要的」有衝突，就像我當初以為法國男友是我想要的，但我真正需要的卻是和他分手。還有另一件事是，沒有哪條路會適合所有人，人生的道路也不會永遠是直線。事情就是會和我們想像的不同，而你要做的，就是學著去接受。所以，現在每當我難過或低潮的時候，我不會一直想著去反抗，而是試著去接受。

我還會用不同的方式處理壓力，當事情沒有想像中順利的時候，我會試著隨遇而安，有問題就面對它。有需要改的地方，OK！我們來調整！如果覺得真的很糟了，沒關係，那就哭一下吧！要不然就做些其他事情來發洩，等發洩完了再來面對。生活中有許多事，本來就不可控制，接受它的不可控後，反而讓我輕鬆一些，也把安全感找回來。

02

❝照顧好自己❞

以我自己為例，當我處在最低潮的時候，我不願意接受任何想法，也沒辦法做任何事，所以，如果你正經歷低潮，我不認為你要強迫自己更開放，因為那太龐大、太遙遠、太空泛了，不要給自己這個壓力。你應該要做的事，就是照顧好你自己。

你需要做的或許只是走出那個環境。如果你本來一直窩在房間裡，那就試著走出去，從走出房門到客廳開始，然後走出大門、上街，去散步和朋友聊聊，無論什麼都好。如果你的壓力來源是工作，那就試著請個假；如果壓力是來自家裡，避免待在同一個環境和壓力下，去一趟旅遊讓注意力脫離，也給自己一個和自己相處的機會。

這時一定會有人跟你說「不要給自己壓力」，但對我來說，這個「不要給」也是一種壓力。而我知道的唯一方法是轉移注意力，讓自己慢慢地、自然地「不去想它」。

在這個時候，不要去想太遙遠的事，也不要去想「幾天後我就會變好」之類的，你只要專注地照顧好自己，從一件小事開始改變就可以。如果桌子很亂就整理桌面，得到一點點的小成就後，再將打掃範圍擴大一點，一步一步來。千萬別在一開始就告訴自己一定要掃完整間房子，那只是徒增壓力。只要你願意跨出那一小步，注意力就能自然地轉移。

03

"嘗試每一件可能
讓自己好起來的事 "

《瘋台灣》真是我的救世主,在我需要轉移減肥的注意力時,它給了我一個新鮮的挑戰。說到底,我就是想要大家喜歡我,才會進入演藝圈、當明星,主持《瘋台灣》不只給我需要的,也給我想要的。

還沒遇到這份工作前,我嘗試過心理諮商、藥物治療,與朋友、家人聊,也嘗試過運動、旅遊、寫作,為此我寫了好多日記。我試過所有的東西,或許在你嘗試的過程中就會有新的想法出現,搞不好那正是你需要的,然後再試另一個,或許又有另一個你需要的東西出現。最後等你得到足夠的養分,就有力氣、心情與夠清晰的頭腦,去尋找你「真正想要的」目標。

這時候你也有可能發現,你最終想要的與你原本設定的不一樣。像我一開始以為自己需要的是減肥、是愛

情，但那不是我真正需要的；我也以為自己馬上就會變成大明星，但那種事也沒有發生。可是當我不再在乎、覺得沒什麼好失去、願意接受其他不同的可能性時，反而是我最有力量的時候。因為那個開放性，啟動了新的可能。

所以失意的時候，請不要封閉自己，試著去做每一件「可能」讓自己好起來的事吧！誰知道會有什麼新契機發生呢？

圖片提供／Janet

04

" 察覺自己，
提早打破現狀 "

當我們遇到低潮時，要及早踩住煞車，想辦法把自己
推出去，不要讓自己在同一個跑道上不停繞圈。

很多時候那些恐懼只是自己腦中的想像，所以我會換
個環境，去看場電影、做自己喜歡或會有啟發的事，
甚至是大哭一場也可以，這些小改變累積起來都會對
我有所幫助。

那要怎麼踩煞車呢？像我會注意自己的身體狀態，是
不是有發出什麼警訊？比如說，當我耳朵發炎、長針
眼或是覺得累、早上起不來、晚上睡不著、喝咖啡會
心悸時，我就知道自己可能又要進入憂鬱狀態了。這
時我會試著去調整跟改變，像是去運動，就算自己

不行，有時 George 也會拖著我，把我送到健身房門口，看著我進去才離開。

走進健身房，我就會試著什麼都不想，專注地跟著教練把指定動作做完。如果沒有課程可以上，就去走走步道、爬爬山，很神奇的是，通常運動完後，我也就真的會舒服很多。這段時間我不會去看社群網站，也會避免自己吃進一堆垃圾食物，我們家的廚房，只會有「健康」的垃圾食物（笑）。

這也是我另外一個要說的，就是把那些沒有幫助的東西，好比是真的很垃圾的食物，隔離出你的生活，讓你的環境變得乾淨、舒服。

05

" 欣賞每一面的自己 "

以前我會覺得，如果我表現得太像鄰家女孩，我就沒辦法成為大明星，因為大家太熟悉我的樣子，沒辦法把我想像成另一種模樣。但我現在不會這樣覺得，尤其現在很多「A咖明星」也會經營社群，去拉近自己與觀眾的距離，讓自己就像鄰家女孩，不是遙不可及的人。

我在當外景主持人的時候，大家好像都把我當成鄰居一樣，有時走在路上會有人很親切地跑來跟我講話，雖然我並不認識他們，但很喜歡這樣的感覺。只是我的內心偶爾也會幻想，希望自己是那個「大螢幕上的女明星」。但這像鄰家女孩的外景主持人，跟幻想成為大明星的我，看似牴觸，其實都是我。

人應該是有很多面向而不是單一的，就像我們同時會
有很多不同的渴望，和想要呈現出來的樣子。「每一
面的自己」都是值得被尊重、值得被看見，無論是優
點還是缺點，每一個面向的自己都值得被自己接受。
如此，你才會愛每一個部分的自己，接納自己最真實
的模樣，才能夠真正為自己感到快樂。

圖片提供／Janet

06

"實現自己
獨一無二的模樣 "

" You can strive for things, but in your own way."

- Janet

我有很多崇拜的對象,例如楊紫瓊,我很欽佩她在
美國的發展;我也喜歡那些「做自己」的人,比如
約翰·傳奇(John Legend)的太太克莉絲·泰根
(Chrissy Teigen);我也會關注那些看起來幾乎「完
美的人」,像約旦王后、凱特王妃,因為她們給外界
的感覺就是一個非常完美、無瑕的樣子。

為什麼會關注她們?像克莉絲就是很敢做自己的人,
我覺得那是我追求的風格,她們對我來說就是一個幻
想。我可以努力讓自己具有她們的某個特質,但我不
一定要成為她們。她們看起來風光亮麗,但在生活上
一定也伴隨著代價,像是得承受旁人的眼光,或身邊
總有保鏢跟著,還要不時擔心孩子的安危等等。

同樣的，大家會覺得我很陽光，感覺我很常運動的樣子，但這並不是最完整、最真實的我。在這些形象下，我其實有很多自己的問題，雖然我也希望呈現最真誠的自己。我想要表達的是，我們對自己的期望和肯定，其實都是自己可以決定的，不用非得把自己「變成另一個人」。

我們看到的，都只是那些崇拜對象的其中一面，以為他們很完美，但事實上，沒有人是完美的，那些人腦子裡真的在想什麼、經歷過什麼，旁人永遠不會知道。但我知道要製造一個完美的生活假象很累，我試過也失敗過，所以我不想再試了。

換句話說，我們每個人都是獨一無二的，每個人都可以用不同的方式去達到自己想要的成功。而我的目標就是讓自己和家庭都越來越好，我會以自己的方式跟步調，做到進步和快樂。所以，你也可以找到最適合自己，也專屬於你的成功路徑。

07

"你羨慕的他，或許也正羨慕著你"

我一直很欣賞某位嗓音像「自帶樂器」的歌手朋友。聲音是人類最自然的樂器，優美的音質加上歌詞，可以比小提琴更動人。所以，我非常欣賞那位朋友，何況，他還辦過無數場的世界巡迴演唱會。然而某一天我們在閒聊時，我說：「我好羨慕你。辦了這麼多的演唱會，賺了那麼多錢，還有幾千萬的人都在聽你唱歌。」

沒想到，他卻說：「妳不知道我其實很痛苦，有時候我覺得我都不是我了。我好像被綁架，被逼著去做這些事。」我不敢置信地跟他說：「但現在你賺了那麼多的錢，就可以好好享受啊！」朋友說：「我不需要那個錢！那些錢砍一半，我照樣可以過得好好的。」

我下意識地反駁他：「那是因為你現在有那個錢，當然可以這樣說。」但朋友也馬上回答：「妳賺得也比其他人多啊！還是妳很缺錢？覺得自己過得不好？」聽到他這樣講，我當下很想說，當然，我永遠可以想要得更多。但我很快就靜下心來想，是啊，比起很多人，我的確過得不錯，其他人看我一定也覺得我過得很好。

最後，朋友告訴我：「我看著妳，也覺得好羨慕，感覺妳總是那麼的自在、自然。」「什麼？你……羨慕我？！」我真沒想到，朋友是這樣看我的。

想起來真有趣，我們都會把旁人的生活完美化，只看到自己沒有的那一部分。社群媒體讓我們看到其他人的生活，卻忘了我們看到的只是他們人生的一小部分，更有可能只是他們刻意呈現出來的完美部分而已。我希望藉由這本書，讓你們看到更多、更真實的我，那個大家不知道、不完美的我。我和大家一樣，都有脆弱不安、懷疑自己、很谷底的那一面，希望我的不完美，可以帶給你們面對自己的力量。

08

" 自己要先開心 "

以前我都會覺得要「為了別人」，好比我要滿足父母、公司的期待，或是想辦法變成大家希望的樣子，把太多重點擺在別人身上，包括小孩也是，我會去想他們期待我成為什麼樣的媽媽。但我發現，如果我沒有先誠實地面對自己，那我就沒辦法好好地陪小孩。

所以我必須先把自己照顧好，才有能力照顧別人，我的心理跟身體都要先健康，才能夠去面對旁邊的狀況。滿足我的開心、我的快樂後，自然就會散發出能量。以前我會給自己壓力，覺得一定要花「這麼多」的時間，才能算是一個「好媽媽」，但現在如果在一起的三個小時，是「不快樂」的三小時，那跟非常開心但卻只有短短的三、四分鐘相比，我會毫不猶豫地選擇後者。

目前我也還在學習這個平衡，雖然有時候還是會過頭，需要人提醒。因為有時我會覺得自己才對，比如說照顧小孩的方式，但其實我的方式不一定對，就像他人的方式也不一定是對的，那既然我們都可能不對，為什麼我要這麼堅持？所以現在我會試著跟對方一起思考，不要自己一個人做會影響到全家的決定。

圖片提供／Janet

09

"未知的恐懼大過於未知"

常常有人問我：「妳是怎麼做到的？」老實說，我沒有答案，我也不知道。旁人都說我很勇敢，但我知道我沒有，我害怕的事情其實很多，我只是呆呆地往前衝，不再去想那麼多了。

有句話說「未知的恐懼感，大過於未知本身。」真的是這樣，我常覺得自己心裡的恐懼往往比實際的還大，所以如果因為恐懼就停留在原地，那它永遠是個問號，因為你永遠不會知道最後會變成什麼樣。所以我就是去做，做了至少會知道接下來怎麼面對，做了就知道這條路會通往何處。

有時想想，這真的很妙。就像最近，我把「可能會搬去美國」的訊息丟出去後，事情好像就一個一個自己接著發生了。像是我們很順利地找到適合我大兒子Egan 的學校，我爸爸媽媽也會從德州暫時搬來洛杉磯幫我們帶小孩，我在美國也找到了經紀公司。似乎所有的事情，宇宙都在幫我安排著。

所以未知的事情真的沒有「想像中」的那麼可怕。

10

" 回到自己的需求：快樂 "

參與這本書並不是因為我覺得自己像泰瑞莎修女一樣神聖有愛，我的人生目標也只是要開開心心，想吃就吃，希望家人健康而已。但如果我的經驗可以幫助到其他人，那也很好，因為如果有人跟我說，「妳的人生啟發了我」，我當然也會很開心。

只是，我還是那個很自私的我，就像我分享憂鬱症、流產的過程，並不完全是因為我想要啟發別人，某部分也是因為我想要分享。比如我把我凍卵的個人經驗，製作成一個「我的作品」，雖然我覺得很多人看了應該會有同感，但我的出發點，仍是自己有分享的需求，我想要我的作品被看見而已。

這個分享需求追根究柢，就是我想要快樂。以前我的快樂是有很多工作，是別人注意到我，現在我的快樂

是小孩健康、老公在好萊塢發展順利、可以跟很多朋友吃飯。「快樂」就是我的目標，它可以只是小小的滿足，不需要多奢華。

就像我的父母一樣，過著簡單又快樂的生活。最近他們家院子裡有香瓜探出頭來了，看著小小的香瓜，兩老又開心又驕傲，用各種角度不斷為這個小香瓜照相。他們也常看著鳥兒飛來喝他們準備的水跟食物，還有一次前院的灑水器開了，幾個小孩脫光光開心地玩起水來，他們也跟著看了一個多小時。

這些簡單的小事，都可以讓他們很開心、很滿足，而這樣的快樂也正是我想要的。

CHAPTER 03

奧丁丁集團創辦人 王俊凱

我相信：
不放棄就有機會

—— 給，不敢相信夢想的人

NO   **YES**

渴望　● ● ●　我要改變世界

困境　● ● ●　別人的價值觀和我不同

信念　● ● ●　我的人生我決定

和其他作者相較，大家可能覺得我很陌生，我既沒有不凡的身家，也不是螢幕前的名人，我只是個和外公、外婆一起住在基隆八斗子漁村長大的鄉下小孩。在搬到台北讀小學之前，我不曾讀過一本書，也沒學過ㄅㄆㄇ，更沒上過幼兒園。從有記憶以來我都在家裡幫忙，不是去打井水、整理魚貨，就是去海邊撿木柴給外婆煮飯、燒洗澡水。這些城市小孩十之八九沒碰過的事，卻是我的日常。

　　現在認識我的人，應該很難想像我的童年是那樣。大家知道的我，應該是個闖蕩金融科技的創業者，或是把小農聚集上電商平台、率先推出食品區塊鏈溯源系統的夢想家。然而，我自己知道，我的本質依然是那個漁村小孩，心中始終嚮往那片沒有邊界的海，嚮往自由，同時敬畏著未知。

　　小時候我常看到漁民為了生活，就算出海面對的是未知的生與死，也不能躲在家裡不工作。我外公也是，不管天氣怎麼惡劣都會去抓魚，有時颱風來風浪很大，我都會擔心外公在外面會不會遇到危險。

但鄉下人都有一種互助精神，比如小時候，有多的魚就會分給鄰居，鄰居有多的螃蟹，也會拿來給我們。在這種環境下長大，我也比較懂得分享，會對同伴多加照顧，也因為從小知道很多鄰居，出海抓魚後就沒回來，習慣了生命無常……所以我們這些住海邊的人也會比較堅強，萬一有人不幸出了意外，就會對他留下來的家人特別照顧。

或許是因為從小就知道生死，使我不曾害怕過失敗。

勇於拋掉光環，走自己的路

記得國小一年級從漁村搬到台北時，剛開始我什麼都不會，還只會講台語，一切都得從零開始重新學習。幸運的是，老天爺給了我一個好的腦袋，有那麼一點對讀書的小聰明，加上我特別會考試，求學過程都很順利，一路讓我讀到了台大畢業，最後成功申請到了獎學金去美國攻讀碩士。

坦白說，我在台灣讀書的時候很混，考試都是靠死背，但到美國之後就嚐到苦頭。美國學校考的東西太難了，我甚至連題目都看不懂，這時候才意識到原來自己以前的讀書方式根本不對，感覺很挫折。加上我有獎學金的壓力，成績必須要達標準才行，所以我告訴自己得打掉重練。後來，我花了整整半年的時間，把所有大學的理論基礎全部重讀一次，讓自己從過去的考試機器，轉為一個會思考、會做學問的人。

　　若說一到十分，我以前的程度大概就是兩分，雖然我可以得出答案，但從沒有認真去思考為什麼答案是這個，但在美國念了碩士、學會做學問後，我覺得自己差不多有到九、十分的程度，也很清楚答案是怎麼來的。

　　跟在台灣的讀書態度不同，因為俄羅斯教授的教法很嚴格，所以我剛到美國的時候非常認真，加上教科書太貴沒辦法每一本都買，所以下課後一定會去書店找書看，有不懂的地方一定會想辦法把它搞懂，也是因為這樣的努力，畢業的時候我才能以全系第一名完成碩士學位。

圖片提供／王俊凱

念碩士時，我已經想過創業的可能性。記得之前有本書叫《Founders at Work》（中譯本《科技 CEO 的創新 × 創業學》），內容是許多科技公司創辦人的創業過程，我從書中看到了許多創業的相關知識。不過我並沒有在畢業後就馬上創業，因為我不像很多創業者有不錯的家庭背景，像我這樣家境平凡的人，一般就是畢業後去大公司上班然後自己存錢。所以我剛畢業的時候，申請了矽谷 Google 總部的工作，歷經七關的面試，最後順利被錄取，進入大家夢寐以求的公司工作。

　　只是我一直渴望自由，內心有個不受控的因子，想嘗試不一樣的人生道路。所以，在 Google 工作的每一天我感覺很空虛，覺得自己的腦袋越來越僵化，虛度光陰。可我又會想，這裡是全美第一的科技公司耶！是最聰明、最厲害的人才能進來的地方，雖然來了以後才知道與想像的不同，但如果我放棄這份工作，不就失去了這個光環？畢竟很多人搶破頭希望能到這裡工作……

　　然而，我又會問我自己，都已經二十六歲了，現在還不出去闖的話，難道要等到四十歲嗎？這樣一想，我就毅

然離職了。當時我身邊的朋友每一個人都很訝異，問我說怎麼會想放棄這麼好的工作？我回說，我對升官發財沒有什麼興趣，他們就覺得我是個怪人。

剛開始創業時，也擔心過沒收入怎麼辦？然而每當我想起剛到美國唸書時的困境，就會讓自己更有勇氣。那時我全身上下只有九百塊美金，超少的，我沒有跟爸媽拿什麼錢，生活費都是靠獎學金硬撐，要是真的沒錢了，就想辦法打工賺錢。我想，了不起就是回到剛到美國時的窮困狀態而已，這樣想就覺得剛創業沒錢好像也還好。

其實現在回想起來，我反而覺得更應該去把握那段「沒有人給你錢」的時光，這樣你才會努力去創造新產品、發掘新價值。我現在就很珍惜那段自己要想辦法賺錢的過程，就算最後創業失敗，也沒有什麼心理負擔，反正花的是自己的錢。也因為我沒背景，唸書時就要到處找工作賺錢，所以當我創業的時候，我很會自己寫推薦信給創投公司，畢竟這過程我已經做過了上千次，可以說是駕輕就熟，嚴格說來過去的窮困經驗，對我後來的創業是很有幫助的。

雖然我有不錯的文憑，卻也不是像史丹佛那種頂尖學校畢業的學生，我只能靠自己努力，努力是唯一的方法。在我的想法裡，**有試過才最重要，唯有一直往前推進，才有機會成功。**

　　我的想法也很簡單，我的人生我自己決定！我想做什麼就做什麼，這也是我的人生自由。要是我一直在科技業當上班族，那還能做我想做的金融支付嗎？在一個凡事都要等別人來決定的環境裡，要實現自己的想法有多困難？而我，不要讓我同事或其他人來決定。只要是我想做的，我都要自己去試試看。自由與嘗試，對我來說，比什麼頭銜、公司規模與金錢重要多了。

　　在那個很多東西都還只存在瀏覽器、社群網站操作的年代，我就已經看到未來手機使用的前景，我想我要做的話，就做一個未來的東西，而不是已經有很多人在做的東西。於是我開始研究比特幣、區塊鏈，我要拿它們來做一個未來的應用，而不是那些大家都在做的事情。我的創業，就是要做自己有興趣的事。

放下身段不設限，就會遇見新世界

在美國創業有些成績後，2009 年底我搬回了台灣，並在隔年創立奧丁丁集團。有趣的是，回到故鄉台灣，我反而水土不服了好一陣子。我發現台灣的創業環境跟美國差異很大，在台灣，對一家新公司的「資本額」特別重視。好比我一開始要做電子書，那時跟很多出版社、賣書的平台前輩們請益，大家卻只會關心你「有沒有錢？」還有人不諱言地說，台灣就是有太多的中小企業，經濟才會難以成長。

但我習慣的做事態度、在美國的經驗卻不是這樣，我習慣在創業之初用最小的規模去嘗試，等確定東西真的可行、真的可以發展後，才會再去擴大公司的資本額。然而，當時要跟出版社合作電子書的話，就是要你先出錢買書的版權，意即一本書都還沒賣出去，你就要先付錢，好吧，如果是這樣，價格也要合理啊！不然的話，就只有單方在賺錢，而我們一毛錢都賺不到。所以當時我想，不能做電子書了，做的話公司肯定會垮掉。

在與台灣創業環境的磨合期中，我經歷了許多次的「重置（Reset）」過程。沒關係，反正從台大畢業到美國的一開始、從碩士畢業到剛去矽谷科技公司上班的時候，我也是經歷過好幾次，那種從頭帶光環卻遇到挫折，瞬間一切歸零的狀態。這次回台灣的創業經驗，也只是又一個Reset 而已。我就是這麼一個，可以一直把自己放到重置過程裡的人。

之後大概有三年半的時間，嘗試了幾個新的產品，都沒找到正確的公司方向，這件事就當成是老天爺的暗示吧！後來因緣際會下，知道有朋友的朋友在賣醬油，感覺做食品電商會是個機會，就開始往這方面去發展，從醬油、小農牛奶一步步做起。

只是我會想創業，完全是為了證明自己，出發點是想為自己而戰，所以說實在的，朋友推薦我去「賣醬油」的時候，剛開始我還有點放不下身段。畢竟我自認「是個搞技術的人」，我的專業是技術不是銷售，但幸好我也很快就轉念，反正去試試看也沒關係，告訴自己不要有那麼多的限制。

將心打開之後，我實際到雲林斗南跟醬油業者接觸。當時看到四合院裡放著一個個的醬油甕，才知道做醬油有很多學問，覺得這東西很酷也很新鮮，就開始在電商平台上賣醬油。但我們的平台也不能光是賣醬油，為了擴展商品面向，外加滿足私心幫我兒子找到好品質的鮮奶，於是我又跑去看很多的牧場，實際去觀察、去找酪農合作。

　　後來事情越做越有趣，也越玩越大，漸漸地又有有機蔬菜、水果的小農加入，便開始覺得做健康的東西，對生產者跟消費者都有幫助，這種感覺好像也不錯。所以我也不會說，我創業的出發點都是為了幫助小農，我不過是單純提供我擅長的技術而已。只是，我確實因為這些小農，更認識台灣這片土地，也結交了一群為無毒、有機食品努力的人。

　　或許，就是因為**你做了對的事，老天才幫你**。記得剛開始要在平台上賣鮮奶的時候，我老婆還笑我，她說：「人家要買鮮奶去樓下（超市）買就有了，幹麼來你電商平台買？」誰也沒想到不久後，台灣遇到嚴重的食安問題，以致於消費者對食品安全的要求大幅提高，連帶推動

了我們的銷售業績。我們的鮮奶從一天只賣百筆，到一個月就賣了一萬多罐出去，那次的經驗讓我有點嚇到，也意識到原來做好事真的會有好報。

回想初衷，堅持做自己

記得過去在美國創業的初期，有些以前在台大讀書、後來也到矽谷工作的朋友會刻意地疏遠我，原來他們聽說「Darren 找同學吃飯，可能是要創業，想找大家借錢。」之類的流言，避之唯恐不及，很怕我會找他們週轉。我也曾經因為太忙，每天強迫自己只睡三個小時，結果身體變很差，一度長了血管瘤，種種的過程都讓我知道，創業這條路真的很辛苦。

這些經驗也讓我在事業有成之後，會願意去幫助一些正在創業的人，好比現在我們也會投資新創公司。在人生的道路上，有時會遇到好的人，有時會遇到不好的人，我們雖然無法避開不好的，但我們能做的，就是在遇到好的人時，盡量把這些緣分當成機會。舉例來說，之前我

與 MaiCoin 的劉世偉執行長（Alex Liu）合作將比特幣運用在食品電商上結帳時，他們公司突然有營運資金上的需求，我個人還邀請其他朋友、創投一起投資，順利度過難關，往後幾年 Alex 也在我需要的時候幫助我，現在我們還能一起在支付業務上合作。

有因必有果，種了好的因就會有好的果。做一些「偉大的事」，過程一定不簡單，抱持這樣的信念，就會願意去接受任何的結果。在幫助別人的過程中，彼此的善心會互相影響，這些善意最後也會幫助我，變成一個更好的人。所以我們公司的核心哲學，就是要幫助別人變得更好。我用我的力量，幫助身邊好的人、好的公司，我相信，這些善意都會回到我們身上，就像我們原本只是單純的電商，因為幫助別人意外接觸到區塊鏈的技術，而有了新的發展方向一樣。**我相信，當你對別人好的時候，宇宙也會來對你好。**

與 MaiCoin 合作後，我們是亞洲第一個使用比特幣的電商平台，也是全球第一個將區塊鏈技術運用到食品溯源系統、旅宿業管理服務上的公司。更因為這些創新，吸

引了日本金融集團 SBI 的注意。

但一開始跟 SBI 談投資合作，其實滿不順的，不順到我覺得不行了、想要放棄。那時公司規模還很小，大概十幾個人而已，如果可以談成這筆超過十億台幣的投資案的話，公司就能擴大，只是合作成功的條件是失去公司主權，那我似乎又做不到。所以，我的內心非常痛苦，到底是要這個錢？還是要繼續做自己？

我回想我的創業初衷，最終還是選擇「做自己」！

決定要拒絕這個日本的投資案時，身邊所有人都勸我「不要衝動」，畢竟光在台灣募資是非常困難的，以前我們連一百萬美金都沒有募成功過，現在居然要推掉十億元的投資？記得當時還有投資人因此跟我冷戰，但我還是決定要做自己，既然決定了，就去做吧！

於是，某個週五下班前，我寄了封 email 給 SBI 的創辦人北尾吉孝社長。我在信中跟他說：「對不起，我覺得我沒辦法跟你合作。現在談判過程就已經很不順利，將來

要是合作也肯定不會舒服。」信寄出去的當下，我瞬間全身都放鬆了。沒想到才從辦公室回到家，就收到了北尾吉孝社長親自回的信，他告訴我可以讓我開條件，但請一定要給他投資的機會。

「什麼！？這是什麼戲劇性的發展？」雖然我感到受寵若驚，但還是覺得自己得先冷靜下來，我回信跟他說，這幾個月來我都沒有睡飽過，等我睡個兩天再來做最後決定，很真誠地把我內心的想法給表達出來。

兩天之後我做出了決定，跟社長說：「我們可以合作。但我不想賣那麼多的股份……」所以，我們公司與SBI的合作也才會從原先談定的股份，調整為現在的比例。我曾因為堅持初衷，一度面臨會錯失資金的機會，但很意外也很幸運的最終事情有了好的發展。

對長期無益的決定，不是對的決定

一家公司要有長遠的營運，勢必需要金融和資本市場的支持。因為目標明確，所以不管發生多令人挫折的事，我就是會想辦法去解決，比如，2022 年初，我跟投資銀行的亞洲團隊無法達成共識，使得我必須前往美國重新展開佈局。雖然等同於很多事必須再重來一次，但我跟一般人不一樣，不會對挫折感到厭煩，反而會很熱衷地去找解決的辦法。

我是一個會一直朝目標去推進的人，未來也早在我的腦袋裡規劃完成，我只要去做就好了。參與這本書的時候，我們其實已經跟美國的 SPAC 公司談好協議，隨時可以展開合作，這可以讓我們朝在美國那斯達克（NASDAQ）上市的既定目標又往前一大步。感覺勝利就近在咫尺，但我還是在最後一刻放棄了這個超過台幣一百億元的協議。

接下來，我想來談談為何會放棄這麼多錢？希望藉此能與讀者和創業家們共勉。

我們的人生有許多包含「金錢」的重大決定，每一次我們都該權衡輕重、多方面參考，就像我自己會找真心支持我的朋友聊，聽聽不同的建議和觀點，也盡可能避掉自己的盲點和不必要的執著。然而有些東西是初衷，也是必要的堅持，就像當年我拒絕 SBI，就是因為不想失去公司的自主權。現在回頭看，這是一個非常正確的決定。因為就短期來說，或許我們可以暫時拿到很多錢、看似很成功，但長期而言，卻要付出失去主動權和未來談判籌碼的代價。

所以只要把眼光放遠一點，就不難做出決定。就像當年拒絕十億台幣的投資，我才能保有公司最重要的主控權，現在我拒絕這一百多億台幣的協議也是一樣。我做任何決定，向來都不是以「錢」為出發點。**一個決定如果對長遠來說不是最好的，那麼它就不是一個好的決定。**

不要用錢來衡量決定

　　尤其，資本市場從 2022 年初俄烏戰爭爆發後就一路下跌，接著虛擬貨幣 LUNA 幣崩盤、全球加密貨幣交易所 FTX 倒閉，連帶許多區塊鏈公司也接連關門，整個區塊鏈產業崩盤。如果這時堅持要將公司上市，市場必定無法反應奧丁丁集團的真實價值。這也是為什麼我們一直沒有對外宣布要上市的原因。我寧可先將 SPAC 的協議放棄，以公司和員工未來十年的遠景做為衡量標準，等以後有合適的時機再來推動上市。

　　這不是一個簡單的決定，這決定代表我必須要以個人之力，支撐公司需要的資本，但這也會是一個對的決定，因為我們掌握了自由度和未來可能需要的籌碼。或許外界覺得我們一帆風順，但事實上，公司越大我們的挑戰也就越大，一個決定就可以讓我們短期內有很多錢或沒有那筆錢，但我能篤定地說，有朝一日回頭看，錢，絕對不會是衡量決定的最好方法。

　　2022 年，也是我感到自己成長很多的一年。在這景

氣環境十分惡劣的時刻，我接觸到很多人性的黑暗面，也對資本市場的本位主義有更深刻的體會。這一年我們不僅遇到投資人不履行合約，還被惡意殺價、趁火打劫等等，或許在大家都能賺錢的時候，看不出人性的好壞，但當時機不好時，人性就顯露無遺了。

但就算這樣，我還是堅信，人生做決定，必須盡量先把錢的因素排除，之後做的決定才會是比較好的。此外，也不要將心力浪費在別人怎麼對我、責怪人性這類的事情上，因為，禍福相依，遇到壞事之後，就一定有好事接著到來。讓我們都把目光，放在正面的事情上吧！

圖片提供／王俊凱

有試過才是最重要，
唯有一直往前推進，才有機會成功。
我的人生我自己決定！
我想做什麼就做什麼，這也是我的人生自由。

01

"不去想終局，
只想著絕對不放棄"

不要預先去想結果是好是壞，在為目標奮鬥的過程，絕不要輕言放棄。在人生的道路上，不是每個人都跟你志同道合，不是每個人都能理解你的信念。有時候我們難免會被質疑、批評，這時不要急著跳腳、急著解釋，先冷靜下來，仔細審視自己的目標沒有問題；如果確信你的目標沒有問題，那就不要在乎別人的批評，因為等時間過去，好比用十年或二十年後，再來看現在發生的事，你會發現，眼前這些批評根本微不足道，搞不好三年後，你就忘光光了。

同樣的，我也是用把時間拉長的眼光來打造事業，雖然我也不是每件事都對，也誤用過一些人、做過幾個失敗的生意，但只要目標正確，就要保持對自己的信心、信念，絕對不要因為短期的挫折而放棄。只要一點一點的進步，終有一天你的付出會得到回報。

02

"相信「一定可以解決」"

我從來不覺得自己比別人更聰明，我只是相信事情總會有解決的方法，只要我們不停去嘗試，善用科學、將心比心，就可以解決任何的瓶頸。

這樣的信念在任何地方都行得通，比如，曾有一次有個旅館老闆和客人發生了消費糾紛。老闆說是客人失約沒來不想退他錢，但原來客人是卡片被人盜刷，可是被盜刷不是老闆的責任，也不是客人的責任。所以將心比心，我就跟老闆建議：「我們各賠一半的錢，因為我有收你錢，你也有收客人的錢，但你損失的那一半，我們系統就用多送你兩個月來彌補。」如此皆大歡喜。

就像用區塊鏈來解決問題，我們的責任就是找出最好的方法，幫助人類往前邁進。我們跟人合作、解決他的疑慮，就會離目標更近。坦白講，我現在做的事，與整個人類歷史發展相比，只能算是很小很小的事，如果以難度九分來比喻萊特兄弟發明飛機，那我們試圖用區塊鏈改變全球金融支付的難度大概就是七分。

區塊鏈是一種用科學解決問題的方法，科學，最重要的就是找出解法，相信只要願意不斷去嘗試，就「一定可以解決」。

03

"Imagination（想像力）=Imaging（成像）"

未來世界的金融支付樣貌，我在腦袋裡都預想規劃好了。現在我需要做的，就是用各種不同的角度、方式，去到達那個目標，把我想要的樣貌推到未來！

雖然以世界的規模來看，我們做的事微不足道，但卻可以為社會帶來改革。所以要用未來的角度審視正在做的事，比如，想要跨境匯款，過去要等上一兩天才能到帳，而我們現在要做到的，就是希望以更便宜的成本，讓跨國轉帳在幾分鐘內完成。

早在五年前，我就已經想好了要這樣做，只要時機成熟就可以推出。就像 2017 年的時候，我們的旅宿訂單是從零開始，但 2022 年就已經達到九位數美元以

上的業績，這中間不過才花四年多的時間。同樣的我們的工程師，在國際支付這部分已經努力了兩年，現在也即將看到成果了。

只是達到目標之後，我也會再靜下心問自己，「然後呢？」雖然現在我可以影響金融系統裡的 5%、10%，好像已經做出些成績，但對我來說還不夠。未來我還想去做一些更難的事，比如投入新的能源、太空科技領域或者是全球 GDS 機票分銷區塊鏈系統。

創業這一路走來我有個關鍵想法，就是我很實際，不會空口說白話，我所有的「設定」都是根據在數學計算跟概率上。它是有研究過程、有憑據的，所有步驟我都想徹底後，才會去跟其他人說，也因為有這樣的實際精神，我決定做的東西都會成真。

04

"誠實面對自己，才會獲得進步"

最重要的，是要忠於自己做喜歡的事，然後把生命大部分的時間，投注在這件事情上。如果抱著熱忱卻沒有賺到錢，那可能是方法不正確。可惜的是，有些人會把失敗歸咎到社會不公平，但事實上或許是他不願意，或者沒有做對市場，「市場價值」也不是自己說的，而是你必須去證明的。

比如說，效力於 NBA 金州勇士的柯瑞（Stephen Curry），也曾經歷過不被看好、不被重用的過程，但如今他打出了一年三千萬美元的身價。又好比一個台灣的球員想到美國發展，他可能體能、球技都很好，但英文不好，人家下戰術都聽不懂。這時他需要精進的不是只有球技，還有更重要的語言能力。

而我們公司之所以可以一直進步，就是因為我會很誠實地面對不好的地方。我也不光是知道，我還會更努力地改進。我不會自我催眠說，自己只是懷才不遇，只有你願意誠實面對自己，你才會真的獲得進步。

很多人仗著自己是排名前幾名的國立大學畢業的，就覺得自己很優秀，這種人不會進步。人外有人，在Google上班的每一個人都很厲害，隨便一問不是耶魯就是哈佛、史丹佛大學畢業，如果你還停留在以前成績有多優秀的美好回憶裡，那你很快就會輸了。所以，我一直很誠實地面對自己，內心不會有「我是建中的」、「我是台大的」、「我第一名畢業的」，也不會讓自己活在這些光環下，我只會問自己，剛剛做的有沒有缺失？如果有就要趕快補救，或者下次要怎麼調整。當然要做到這點，你必須對你在做的事情很有熱忱，因為熱誠你才會為了目標，努力找出缺點並且去改進它。

05

" 快樂不是錢給的 "

對我來說，人生的意義絕對不是錢。因為錢都擺在銀行裡，快樂的只會是銀行，不會是你、不會是你的家人。有時候把錢花在別人身上，會比花在自己身上更快樂，所以如果我要花錢，我會寧可把錢花在小孩身上、帶他們去露營，或邀請偏鄉的孩子去看場電影、吃爆米花。

畢竟一個人對金錢的需求有限，與其去追求更多非必須的金錢，我更希望可以去探索自己的興趣，去跟世界互動，對我來說這會更有意義。尤其，當我理解整個資本主義的本質後，更覺得錢要做適當的分配。近幾年，我們公司開始贊助校園壘球隊、偏鄉學堂、食物銀行等單位，提供球具、餐食、課外讀物、文具等物資，但光是贊助還不夠，我還希望能設計出一套更

完善的商業支撐制度。期望在我的企業能力範圍內，未來可以推動一個不靠捐款的商業贊助模式，讓台灣需要教育、需要吃飯的小朋友都能獲得足夠的資源。

或者，透過企業的影響力，重新設計世界上的階層制度，這也是我個人追求的「自我實現」目標之一。我特別珍惜自己創造的新東西，可以給企業和社會帶來價值，這些機會很難得也很有成就感，比賺錢讓我更有動力。

圖片提供／王俊凱
奧丁丁集團捐贈新球具與關山工商男壘隊友誼賽交流。

06

" 與其存垃圾，
不如存快樂 "

日本軟銀集團創辦人孫正義，是個超級樂觀主義者，
而我也覺得「樂觀」是做事的必備心態。「樂觀」，
不代表不知道做最壞的打算，或者凡事沒有規劃，只
是傻傻地樂觀。的確，這個世界一定會有不好的事發
生，人生總有面臨失敗的可能，但我認為，真的沒必
要在還未發生前就恐懼失敗之後的事。

何況，失敗只是一時的，失敗也沒什麼，真的遇到了
就去面對而已。

我並不是因為現在成功了才變得樂觀，也不是因為別人以為的「你一直很順利」，試想，當一個老闆怎麼可能沒遇過挫折？我人生遇到的挫折已經多到想都不想去想了，光想有什麼用？去改正才是你該做的事。會發生的事情就是會發生，不會發生的事情就是不會發生，萬一發生了，不要急、不要喪志，更不用悲觀，只要你努力、只要是對的事，老天就是會在你需要的時候伸出援手。

一個人的腦容量有限，所以我從來不會杞人憂天，更不會浪費我的腦細胞去想一些悲傷或不開心的事。

07

"給自己第二個機會"

每個人的人生都有兩次機會：第一個機會是投胎的家庭，那是「老天爺給你的」，第二個是「你給自己」的機會。雖然有人認為第一個機會好的人比較占優勢，但我覺得從結果來看，其實大家的機會加總起來都差不多。因為有些人天生好但後天不好，或者反過來，有些人天生不好但後天卻很好。

不要因為先天條件不夠好而裹足不前，每個人都有機會去改變自己的命運。你的人生絕對可以透過後天的努力而成功。

自信跟我們小時候家裡有沒有錢，沒有一定的關係，但自信卻是可以後天培養的，直到現在我也都會告訴自己，「相信自己，為自己堅持的事情努力，不要存有負面的想法，樂觀去看待一切。」而這樣的信念，也不是天生的，是後天建立起來的，如果老天沒有給你第一個機會，那就自己創造第二個。

08

"出身，不決定你的人生"

有些人會感嘆自己不是含著金湯匙出生的，沒有做夢的權利。的確，人沒有辦法改變出身，但「人生怎麼過」卻是掌握在自己手裡。我們生長的家庭也許沒辦法讓我們少奮鬥二十年，但一個二十五歲就平步青雲的富二代，跟一個家境平庸靠著後天努力在四十五歲成功的創業家，兩者只是有些時間差，但擁有的成就感卻是天差地別。

這種靠自己努力得到的成就感，絕對大於生下來就衣食無缺的人。再者，因為家境平庸，我們面對挫折的能力也會比較強，可以在資源有限的情況下，懂得減省之道，也擅於在艱苦的條件下生活。我們最終都會達到成功，只是稍微晚一點而已。所以不要隨便否定自己，也不要放棄、不去努力，你的出身不代表你的人生，你的人生掌握在自己手裡！

09

"死亡面前，
不如意都是很小的事 "

兩年前，我在健康檢查時被診斷出可能患有罕見腫瘤，若是真的，風險會很高。在台大當醫師的朋友跟我說：「台灣會開這個腫瘤手術的醫師非常少。」聽完他的話，我心想「拜託，是會不會安慰人啊！」一時間我有些驚慌，如果真的是不治之症，該怎麼辦？我的小孩還這麼小，公司也有這麼多的員工……

幸好，就像我之前說的，我很樂觀，我告訴自己就算要離開，也要做好對所有人的安排。所以包括公司要賣給誰、遺產分配，我都想好也規劃好了。經過三個月的檢查跟等待後，才發現原來是誤診。

但也因為這起事件，讓我認真思考人生，現在再遭遇挫折，我都會覺得對比死亡這些不如意根本算不了什麼。只要還活著，就是老天爺的祝福。人生在世，就是盡力去做想做的事。

10

" 突破框架，勇於嘗試。
不要對不起自己就好 "

曾有人覺得我台大畢業，又在美國讀了碩士，這樣的人怎麼可以只當個打工仔？但打工又如何？我就是需要先把自己養活，才能去做我想做的事，打工只是一個過程而已。

台灣一直是個存有框架的社會，像我開始創業的時候，我外公叫我「迌迌囡仔」，覺得我都在鬼混、整天無所事事。但我總覺得，只要不對不起自己就好。或許也就是因為我沒有框架，才有實踐自己的勇氣，何況，我嘗試的事情是我的專長——科技跟軟體。

實踐自己的過程中，你可能會遇到家人、身邊人的不諒解，比如，很多人都告訴我要先買房子，才能結婚等等。但我的錢就是要拿來創業的啊！台北的房子又不是幾百萬就能解決的。所以我一直是到了創業的十年後，才買了人生的一間房。就因為當時有先把事業

基礎打好，今年很多公司都遭遇新冠疫情被迫裁員時，我們公司才能安然度過。

所以不要被世俗的框架給綁住，只要你的目標明確，只要你對得起自己，都值得放手一搏。為了你想要的事情去努力，即使被人認為是無業，為了使命與理想，就算去打工也好。某些程度這也要感謝我小時候是在海邊長大的，因此能夠過著物資缺乏的生活，也能珍惜得來不易的食物，像我在創業的時候，曾經一天只吃一頓飯，而且還是特定時段的打折漢堡。

當然，人生不可能完全都是照自己的意思創造出來的，我覺得人能掌控的部分，就只有一半吧？這世上有很多不可控的事，但我們還是要在可控的範圍內盡心努力，一定要努力到精疲力盡。

但同時要理解，若結果不如人意也不要去強求。尤其當你年紀越大之後，你就會發現很多事的成功與否，跟你本身的才能，並沒有太大關係。

就因為自己能掌控的事情有限，所以我們必須感謝老天給予的一些好運氣，或讓我們遇到好的人、好的朋友，在有形、無形中推了你一把。當你有這樣的理解，就能在人生遇到挫折時，不會陷入「明明是好點子，為什麼要拒絕我？」的抱怨情境中，而是我會告訴自己，「他不懂，是他的損失！」

圖片提供／王俊凱
奧丁丁集團創辦人與共同創辦人 John 合影。

CHAPTER 04

暢銷作家 劉軒

我相信：
Own My Decisions
我的決定我負責

—————— 給，猶豫不決的你

NO ⬤ YES

渴望 ● ● ● 成就自己最高的可能性

困境 ● ● ● 可能性太多，反而找不到方向

信念 ● ● ● 相信自己，承擔自己的決定

2000 年六月，哈佛大學舉辦了五年一度的校友同學會，這也是畢業後大學同學們的首次正式聚會。當時的我還在哈佛攻讀博士班，面對即將見面的老同學們，你想我該有多興奮？但，沒有，我不只沒有出席，還一個人躲在閣樓的房間裡。為什麼？原因很簡單，因為我不敢，因為我覺得自己比不上他們。

很多人一定會說，劉軒，你別開玩笑了，都讀到博士班了，哪裡比不上人？反正你就是個天之驕子，什麼東西都是人家給的，哪裡會有什麼問題？是啊，我這輩子最常聽到的話，就是「你有很多的可能性」。的確，當命運之神眷顧你，可以上好的高中、唸長春藤名校，還有個很有名的父親等等，好像所有好事都從天上掉下來的時候，你也會覺得自己「有很多的可能性」。

但正因為我有很多的可能性、有很多的選擇，所以，我經歷過很多次的選擇困難。英文有句諺語：Jack of all trades, master of none.（博而不精），指的就是像我這樣的人。好像什麼都可以做，卻沒有一樣做得精。

小時候大家都聽過「吳剛伐木」的故事，在我記得的版本裡，吳剛就是因為專心不足，被天神罰去月球上砍樹，但他老是砍一砍就分心，樹也就一直長回來，於是他一輩子都在那裡砍樹。這故事對小時候的我來說有著象徵性的恐懼與陰影：在無限選擇跟不知未來的情況下，到底該如何去選擇？要如何去聽從你的心？

挑戰？抱歉，這時候我只想玩

我一直很會唸書，尤其是生物。高中時我的生物成績是一百分，連生物老師都稱讚我很厲害，說像我這樣的人將來不是當醫生就是會在實驗室工作。當時美國的華人圈有很多的醫生，印象很深刻的是，在 BB.Call 的年代只要是朋友聚會，很多人的呼叫器都會響，然後他們會說：「對不起，我得走了。」記得當時我的父母還特別轉過頭來跟我說：「兒子，你不用當醫生。如果你當了醫生，就永遠沒有自己的生活。」那時我想：「對喔，當醫生好像永遠都在服務別人，沒有自己。」

高中畢業後，我順利申請到哈佛大學就讀。哈佛的學制是類「全人教育」，大一不分系，大二以後才需要去選科系。所以原則上大一新生什麼課都能修，但如果你將來想當醫生，就必須在大一時選修「有機化學（Organic Chemistry，簡稱 Orgo）」課程。這堂課聽說很難，選的人很多都會「栽」在那裡。當時我身邊有一半以上的亞洲同學都會選修 Orgo，但反正我的父母沒有給我當醫生的壓力，我也就沒有去選它。

　　另外一個我非常厲害的項目是電腦。從小我就很會寫電腦程式，早在十多歲的時候就對 AI 產生了濃厚的興趣。而哈佛除了 Orgo 外，還有另一堂很有名、不少同學都會去修的通識課程，就是「電腦科學導論（Introduction to Computer Science）」，又稱為 CS50。這堂課也是出了名的難，大家都說這堂課會讓你整晚待在電腦科學中心睡不了覺。所以，雖然我對電腦有很高的天分，也不是沒信心通過，但我還是沒去選它。

　　一般人抗拒挑戰的原因，有可能是因為懶、不覺得自己可以成功、考量家人因素後放棄，又或是在同時間選了

另一個東西，而我是屬於最後那個（好吧，或者也有一點點懶的成分）。

大一的時候，我只想要探索跟享樂，報了很多社團。我一樣沒睡覺，只不過不是待在電腦科學中心裡，而是跑去做學生電台的深夜節目，同時我也幫公益活動作曲、參與音樂劇、做旅遊雜誌等等。回想大一那年，我覺得整個世界都是彩色的，白天到處去玩，晚上跑趴串門子，有好多好多的樂趣。

台積電創辦人張忠謀先生曾用「一場可帶走的饗宴」，形容他在哈佛求學一年的收穫。對我來說，大　生活真的就像一場豐盛的「流水席」，所以，要我來到哈佛一個這麼大、放眼望去這麼多好玩的地方，面對這麼多的可能性，卻要我待在位於地下室的電腦科學中心？或者一個有很多臭味的 Orgo 實驗室？不，我才不要！所以當時我選擇用一種不同的心態，來面對大一生活，我選擇去參加一大堆的社團活動，而不是修讀 CS50 或 Orgo。

然而，你也可以說，我當時是拒絕了挑戰。

明星學生的家庭革命

如果當時有人告訴我：「你去選修 CS50 進入電腦界，然後我『保證』你在四十歲就可以退休……」、「你去念 Orgo，未來進入實驗室工作，然後你『一定』可以發明出殺掉癌細胞的東西……」如果當初有那些「保證」跟「一定」的話，我想我應該會選擇去挑戰，就好比有一塊已經篤定會漲五倍的土地，你就算賣肝也會去買啊！但，人生就是有許多不同的選擇，而千金卻難買早知道。

從小出國唸書，第一次回來台灣的那年我十九歲，父親著作的《肯定自己》剛剛出版。知道我提早進了哈佛，很多父母大量購買這本書，所以回來台灣的時候，覺得自己莫名變成了明星，大家都知道我是誰。雖然我無法理解我那些平庸無奇的事蹟，或者父親給我的觀念也不是真的很特別，為什麼會這麼受歡迎？後來某部分或許是想平復我自己、拿回點人生主導權，所以我也開始寫書、演講、去做志工工作，因此跟台灣的接觸越來越深。

往後每年寒暑假我都會「選擇」回來台灣，但你選擇做這些事的同時就會失去別的。尤其暑假是實習的時候，像是華爾街、麥肯錫都會舉辦暑期實習計劃，你可以申請去厲害大公司實習兩個月，這對美國的大學生來說相當重要。因為透過實習除了可以獲得工作經驗外，也會知道自己喜不喜歡這個產業，往後當他們畢業時，也能確定將來要走的路，或一定不要走的路。

　　直到大四準備做就業申請的時候，我才驚覺，同學們都已經認定好了某些產業、公司，也寫好了申請書。但這對我來說卻是完全陌生，因為我沒經歷也沒去了解產業，我唯一知道的，就是寒暑假回來台灣演講、募款。當時大家討論的話題都圍繞在，誰申請到了哪家公司、誰被哪家公司拒絕了，感覺同學都有他自己的戰場和賽道，除了我，我什麼都沒有。

　　當時父母跟我說：「如果你不知道要做什麼，那就申請一下研究所唄。不然，只有心理學位能做什麼？」是啊，要當心理師也要有個碩士學位，但這不等於還是要回去念 Orgo？不過，我又想如果是當心理諮商師那就不需

要，所以我申請了哈佛的心理學研究所，同時選擇直攻博士班。

這在過去幾乎是不可能的事，因為哈佛博士班向來要求要有兩年以上的工作經驗，但我不僅申請，還破天荒地被錄取了。

我成為班上唯一一個沒工作經驗，竟能進入博士班的學生。我的同學平均年齡是三十五歲，他們看到我，都覺得我是個小朋友、是神童，反正能從大學直升上來的傢伙應該有什麼過人之處。但也就是因為我是從大學來的，我的生活過得跟大學無異，每天還是一樣在派對上玩。然而一年以後，我就意識到一切開始不太對勁了。

當時的我不知道唸書是為了什麼？意義在哪裡？於是我向學校申請領取碩士證書、辦了休學，然後帶著證書飛到天高皇帝遠的阿拉斯加，把證書寄回家，這時我才告知家人休學的事。這也是我的家庭革命。

圖片提供／劉軒

我借住在美國最要好的朋友家。我這個朋友從小在阿拉斯加長大，成長環境、家庭教育、價值觀，跟我完全不一樣。每當我爸媽要求我去做什麼時，他都說：「你想要做什麼，就去做！沒人可以阻止你，也沒人可以告訴你要做什麼！」然後他會拉著我出門去跑步，兩個人在零下低溫中奔跑，沿著查爾斯河跑到波士頓市區再跑回來，沿著河流一路跑、一路聊天。我想，他灌輸了我一種西部牛仔的精神。

　　休學那一年，我當背包客去了很多的地方，寫了一本書《Why not？給自己一點自由》，也在波士頓開了錄音室（雖然沒有錄過幾個人，但我很爽），一年很快過去了。花了一年時間，我知道自己要什麼了嗎？我的答案依舊是「沒有」跟「不知道」。後來，另一個朋友對我說：「為了你們家的平靜（peace），我覺得你應該聽父母的話，不要跟他們作對！」我聽進去了，因此又回去哈佛唸書。

　　但因為我休學過一年，落後人家一大截。那段期間我補修了很多的心理學課程，內心卻還是一直很掙扎。在我

掙扎求學的那三、四年間正值 .com 興起，大學同學有的因此大富，也有人因此大跌。這也是為什麼 2000 年哈佛大學的同學會，我沒有參加，一個人躲在閣樓的原因。當時的我只能透過閣樓小窗，偷看那些參加聚會後喝醉走在路上的同學們，高談闊論過去的五年他們打了一場什麼樣的勝仗或敗仗，可我，卻連仗都沒打過。

　　這種感覺就是——
「你明明有這麼多的潛能、有那麼多的可能性，但，你都在做什麼？」
「你什麼也沒做！」
「你什麼也沒選，除了選擇 peace ！」
「你只選擇了家人的 peace，卻沒有選擇自己的 peace ！」

當排山倒海的無力感襲來

如果說 2000 年的校友同學會，讓我對當下正在唸的心理學失去耐性，那隔年的九一一事件就是根壓垮駱駝的稻草。它讓我發現，讀了那麼多的書，竟然是一點屁用也沒有。

九一一世貿大樓倒塌後，我急忙從哈佛回到紐約，並在曼哈頓一所臨時建立的「家庭援助中心」裡當義工。家庭援助中心是一個設有六十多個攤位，專門協助受害者親屬申請經濟補助、做心理輔導的機構，擁有超過三千六百坪的開放空間。走進中心，一眼就可以看到一個巨大的布告欄，貼滿密密麻麻印有失蹤親人的海報，上頭寫著大大的「MISSING！（失蹤）」。當時我們每個人講話都要很小心，不能用「罹難者」這樣的字眼，因為很多家屬聽到都會激動地大喊：「他不是罹難者，他還沒有死！」

有一天我看到一名愛爾蘭籍的婦女，挺著大肚子，身邊還有兩個小孩圍著她轉圈圈。婦女的先生是第一時間趕到世貿大樓的消防員之一，在大樓崩塌後便沒了消息。她

圖片提供／劉軒

跟我說：「那天他出門時本想抱我一下，但因為前一天晚上我對他很不高興，所以就轉過頭背對著他，接著我只聽到門關上的聲音……天啊！請再給我一次機會！如果他能活著回來，我發誓，我一定會緊緊地抱住他！永遠不會讓他離開！」

面對她的痛苦，我什麼都不能做，只能握著她的手、靜靜地聽著，腦中想不出任何恰當的回應，只有一股深深的無力感。

其實教授也曾提醒過我們，面對受創者的情緒，輔導者必然也會受到影響：「你希望對方不要受苦，但又無法承擔他們的痛苦，這時候你可能會變得很厭世，也可能會變得很冷淡。這種『同情疲勞感（compassion fatigue）』會慢慢侵蝕你的意志，千萬記得要給自己保留一點喘息的空間！」只是我萬萬沒有想到，這種同情疲勞竟會出現在自己的身上。

就這樣，我每天去援助中心報到，聽了一個又一個的故事。回到家洗臉照鏡子，我幾乎認不出鏡中那個憔悴的

人就是自己。我還變得特別愛哭，有時回家看到爸媽坐在
那兒看電視，或者看到妹妹在一旁做功課，我就會莫名其
妙地開始掉眼淚。我一度以為自己瘋了！

後來我靜下心，細細咀嚼這個感受，試著去釐清自己
的思緒。我發現那不是疲勞，而是一種激動。我激動於自
己的家人身體健康、平安無恙。但，憑什麼我那麼幸運？
憑什麼別人要遭遇不幸？一方面感恩自己的幸運，一方面
又覺得十分愧疚。

這讓原本就已經對要不要繼續讀心理學產生疑問的我
驚覺：自己不僅書沒唸好、論文不知做什麼，現在就連要
幫助別人也做不到。這種挫敗感就好比有一把大刀刺在我
的身上，我受不了，心裡怒吼著「去你的心理學！」然後
毅然決定離開紐約，回到了台灣。

面對唯一機會，堅持做自己

在台灣重新出發，任何事我都願意去做、願意去嘗試。那段期間，我接過廣告、製作、編導、編曲，做過媒體、雜誌、電視節目，甚至當搬運工扛器材，跟大家一起嚼檳榔熬夜。總之就是這邊來一點，那邊來一點，不管什麼我都會去試，多做就能多學，因為我有太多年都在空轉，所以任何機會都得把握，將吃苦當成吃補。

過程中，我發覺當 DJ、做廣告編曲，都是自己喜歡、別人也肯定的項目，因此考慮過要不要把它們擴大發展，但內心卻也始終有些猶豫。當然同期我還是持續地寫書、寫專欄跟演講，甚至開始拍影片，也就這麼一路從「下一杯咖啡」實驗，到出版《Get Lucky！助你好運》，接著因緣際會被北京的出版社看上，再輾轉認識廈門「十點讀書」團隊，開始了一連串像「三分鐘心理學講堂」等的線上課程。

大家都說我做得很好、稱我是「斜槓」，然而我只是在摸索的過程中盡可能地多學習，其實內心依舊充滿著

圖片提供／劉軒

迷茫跟不安。但這段期間雖然忙碌，可是我卻過得非常快樂，因為做的事都是我自己的選擇，這些成就是我為自己爭取來的。

有一天，我收到一封 email，是來自北京一個演說競賽節目〈我是演說家〉的邀請函。原本我沒放在心上，只是剛好當時父親有作品在北京展覽，才想說順道去談談也好，算是給自己一個機會。節目的編導豆子，是個年輕的女孩，她告訴我，節目組希望我在台上講些關於我和我爸之間的故事。我考慮了一下，決定拒絕這個建議，因為我告訴自己：「我只有一次機會。我要做我想做的東西，我要做心理學的東西。」

為什麼是心理學？你不是曾經對心理學失去耐性嗎？其實這個時候的我，接觸到了「正向心理學（Positive Psychology）」，並且深受吸引，為此我甚至重拾了心理學書本重新去學習。所以，如果我只有一次機會的話，我當然要講心理學。

第一次上節目的時候，我講了心理學著名的「棉花糖

實驗」。後來豆子告訴我，節目尚未播出之前，就有工作人員私下打賭我這段節目的收視率會有多低，沒想到結果竟是意外地成了整個節目的收視高峰。往後的比賽，他們就不再給我建議，而我就一直講心理學，直到打進決賽。

配合參與現場投票的媒體時間，節目的決賽與總決賽安排在同一天錄製。代表你得一次準備兩份講稿，只是誰都不確定第二份講稿會不會用上。人家都說參加這種講演節目比歌唱選秀還難，因為歌可以唱別人的，但演講你不僅得自己寫稿、背稿，還要自己演繹。此外，你的講稿還要事前交給製作單位，以便安排配樂、燈光效果等等。

決賽那篇我打算講中國文化，算是滿討喜的內容，不過，總決賽的題目是製作單位訂的，每個人都一樣，那次的題目是「勇者敢言」。要我這個從小在台灣、西方社會長大的人談勇者敢言，似乎有些敏感也難倒我了，於是我打電話向老爸求救，老爸說：「兒子，你絕對不能講任何近代歷史的東西，我給你一些司馬遷、史記的哏，你把它們背起來就對了！」不久他寫了一堆文言文過來要我硬背。所以，我自己準備了第一篇，背了第二篇。

錄影期間我們都住在同一家飯店，跟飯店人員變得相當熟識。比賽前一天要先去排演，去之前我到飯店的餐廳用餐，當時我只是隨口說了句：「今天有生蠔啊？」「是啊，我們今天有生蠔！我來給您幾個！」一個服務生很熱心地回應我，還來不及拒絕，就見他端了一大盤過來。不好意思推辭，我大概就吃了六顆。沒想到一個小時後，我渾身不對勁、手腳發麻，人也開始發燒。

　　接下來的節目排演，身體狀況一直很糟糕，排演完我整個人都虛脫了。這時豆子居然還走過來跟我說：「軒哥，你第一篇還行，但第二篇不是你啊……」「妳沒看我這副德性，我已經沒有辦法再寫一篇了。」我的身體實在很不舒服，回話一時有些不客氣。她說：「沒關係、沒關係，我們只是覺得有點可惜，因為最後那篇真的很不像你！這樣吧，你先回去休息。」

　　回到飯店後，我先泡了個熱水澡，試著讓自己的身體和情緒緩和下來，但腦中卻一直想著「勇者敢言、勇者敢言……」然後，一個故事就很奇妙地出現在我腦海。這種感覺就好像有人投影了一個故事在我的腦中，並且揮之不

去。我心想：「這是什麼東西？這故事跟勇者敢言有什麼關係？」

　　當晚，豆子拿了藥過來探望我，然後我就跟她說了這個故事。當時的我直覺認為，必須先把這故事講出來，才能把它從我的腦中給排除掉。沒想到豆子聽完後說：「軒哥，你講這個故事。」我說：「為什麼？這跟『勇者敢言』有什麼關係？」她說：「我也不知道。但我就是覺得你要講這個。」然後她就離開了（該死的豆子丟了一個難題給我）。

　　那時候已經是晚上十一點了，而我必須在原有的文言文故事，跟一個還不曉得和『勇者敢言』有什麼關係的故事之間做取捨。「究竟是要用背好的稿子？或是給心中的這個故事一個機會？」當時的我還不知道，我的選擇將會對我現在的人生，產生一定程度的影響。

相信你的心，做個敢於承擔的勇者

　　我決定給心中的故事一個機會。我打開電腦試著把腦中的故事寫下來，寫著寫著，咦？故事竟然開始順了。這種感覺很奇妙，好像有人拿著你的筆，引領你一行一行的寫下去。寫完之後，我轉頭發現外面天色都已經亮了，但我八點半還要趕去錄影現場報到。

　　把稿子傳給豆子，讓她在必要時列印出來，萬一有幸晉級，總決賽就決定用它了。本來還想這稿子可能不會用到，沒想到第一輪結束居然過關了，緊接著就要進入總決賽。距離實際錄影時間還有四十分鐘，我只好趕快跑到外面的停車場，躲在角落邊，抓時間拚命地背稿。那時我雖然吃了藥，但頭還是很痛，加上前一場已經用盡我所有力氣，所以這篇稿子怎樣也背不下來。

　　後來，我乾脆不背了。正式錄影時，我果然一上台就忘詞，中間還掰了一段，而且因為講的內容跟排演時的文言文不同，所以燈光、音樂全都亂了套。結束的時候我心想：「完蛋了！但至少結束了」。萬萬沒想到，當媒體

開始唱名投票時，觀眾一個個都站起來回答：「投給劉軒！」

最後我竟拿到了比賽的總冠軍。

我的〈勇者敢言〉，講述一個發生在我自己身上的故事。我大學的時候，學校附近有間壽司店，老闆是位和藹可親的日本人，我們都叫他壽司叔叔。有天晚上宿舍同學抱了一堆外帶壽司回來，很得意地表示，壽司店打烊之後放在外頭的冰櫃沒有上鎖，裡面的壽司可以隨便拿。雖然我一度有些懷疑，但同學又說，反正這些壽司隔天也會壞掉、不能賣了，我想想，好像也有些道理。

某天我經過那間已經打烊的壽司店，突然也想如法炮製，試試看是不是真的可以拿。沒想到我才剛動手，就被一位保全大叔給逮住。保全很快聯絡了壽司叔叔。跟壽司叔叔通話的時候，一開始我還想狡辯，說：「你們覺得我像小偷嗎？」然而壽司叔叔很嚴肅地告訴我：「賣不完的壽司，我不丟，我捐。這些壽司我捐給附近的流浪漢庇護所，要他們工作人員自己來拿。所以，你偷的，是那些

無家可歸的人的晚餐。」他還說，我只有用到我聰明的腦袋，卻沒有用到心，他的話讓我萬分羞愧，於是，我鼓起勇氣向他道歉：「我錯了！對不起！」

後來壽司叔叔不僅沒有追究我的責任，還送了我壽司，說這是他以良心送給我的禮物。他的禮物令我無地自容，最後，我把壽司送給了街上遇到的流浪漢。我想，如果道歉需要勇氣，那公開承認錯誤，就需要更大的勇氣。所以我選擇在一個那麼大的演說場合，公開分享這個埋藏在我內心深處、從來沒有跟別人說過的、很不堪的過去，因為在那個當下，我覺得這個故事或許可以幫助到人。

哈佛商學院的最後一堂課，是教你如何不被抓去坐牢。這堂課告訴學生：「未來的你們有很大的權力，也會面對很多的金錢誘惑，但你們要有勇氣，去做一個有原則的人。」誠然，如果你的良心被蒙蔽，就像會去說「反正壽司賣不完也是要丟掉」一樣，做什麼都會幫自己的行為合理化。今天偷兩盒壽司、明天就可能是偷兩個貨櫃或做兩本假帳，最後也許就會像我那位偷壽司的宿舍同學一樣，淪落到因操弄公司股價、作假帳而被逮捕的下場。

把這個發生在二十幾年前的故事說出來，除了讓我拿到演說比賽節目的總冠軍外，我覺得整個過程還有著很神祕、甚至是很神性的力量在裡面。因為就在我食物中毒、神智不清的當下，不知是老天爺還是我的潛意識，一直在我的腦中投放著這段往事。然後我的編導也不知為何，就是要我講這個故事。

　　一連串事件好像都是冥冥注定，要我在這個時候去分享這段不堪，用這段故事去幫助別人。好像，有人在我腦中放了個東西，然後說：「你去做這件事。」

　　這經驗同時也鞏固了我的內在價值。如果說「勇者敢言」，那我的確做了件真正勇敢、也非常真心的事，更因此有了分享弱點的勇氣。這件事深深的激勵我，現在我都會跟人說：「相信你的心！你的心，旁人可以感覺得到。」

給自己設個挑戰，跳脫舒適圈

所以我想「天命」，就是你要去做一個選擇，這個選擇是老天爺給你的使命，但你必須自己去選它。或許，你獲勝的機率並不大，也知道你會為此付出很多代價，畢竟天底下沒有穩賺的事。選了就去承擔風險，並要好好地堅持著去做，然後好事就會發生。

美國一位超過一點六億訂閱的網紅 MrBeast，在回答讀者「如何成為一個好的 YouTuber」時，就給出一個很棒的建議，他說：「你首先要拍一百部影片，等你拍到第一百部影片的時候，Something good will be happen.」

所以別說你沒有其他的選擇，因為人永遠都有選擇。但你要勇於冒險、全力以赴。天命就是選擇加上行動，在行動的過程中，你會知道這件事究竟適不適合你，事情只有做了才知道；只有做了，才能分辨是不是你內心真正想要的。在我的工作坊裡，會借助類似催眠的方式，引導學員把內心思緒走到未來的世界。跟著心，想像在人生盡頭時，那些與你相處的人會跟你說什麼？會感謝你帶給他們

什麼？從這裡去觀察自己的價值觀，了解什麼才是你人生中最重要的事。

很多參加過工作坊的人，都從這樣的冥想中發現，未來出現的情境和價值觀，跟他現有的很不一樣。他們在冥想過後，常常是淚流滿面地說，終於知道自己這輩子最想要的東西是什麼了。而這個東西也就是一個人的「核心價值」。往後每當面臨抉擇時，就可以用它來比照確認這件事是否與核心價值一致，我自己也是用這個方法來「跟著心」做決定。

當然有時面對困難，我們沒辦法堅持到最後，或者對某些工作內容感到枯燥。要先去理解，這情況在任何專業都會遇到。如果你有才華及天賦，卻發現自己容易待在「舒適圈」裡，不妨給自己設一些刺激跟挑戰，好比去參加比賽。像我女兒現在不畏懼舞台，既大方也勇於表達，跟小時候的她個性截然不同。我認為就是因為，她參加了學校的說故事和各種演講比賽的關係，雖然過程中她也曾好幾次想放棄，但最後還是艱難地完成和突破了。

既然選擇了就要堅持去做，如果一碰到困難就跑掉，是無法嚐到「經過征服」才會有的甜美果實。所以，去為自己設下一些挑戰和目標，在報名的同時你也就會開始啟動了。人都是這樣，像我自己練習跑步，常常也是有一搭沒一搭的，但只要一旦報名馬拉松賽事，我就會開始認真準備。

　　我曾經看過一個科學報導：有個人在照 EEG（腦波檢查）時，突然心肌梗塞死亡，整個過程被機器給記錄下來，成為了醫學上對於死亡時刻最完整的腦波記錄。雖然只有一個案例，但當時記錄到他的心臟停止前後三十秒，出現大量的 gamma 和 alpha 腦波，與一個人在回憶時會呈現的腦波狀態一樣。或許，就像很多有過瀕死經驗的人所說的，在接近死亡的當下，會看到自己的一生在倒帶。

　　比照 EEG 記錄到的死亡過程，我感覺人死的時候大腦真的會倒帶，會回顧你的一生，我想或許這時就是重播人一生中所有的選擇。然後最後會有個聲音問你說：How did you do? Are you good? 你有做正確或不正確的選擇嗎？你對你的選擇滿意嗎？你是否對你的選擇感到平靜？

我相信，如果你的答案是 Yes，那你就會進入來世；如果答案是 No，那可能就會帶著你的執念到下一輩子，然後功課會換個方式再給你一次。

　　在澳洲安寧病房護士布朗妮・威爾（Bronnie Ware）的著作《瀕死病人的五大悔恨》（Top Five Regrets of the Dying）中，提到許多重症病人跟她分享人生憾事。其中一項便是：「多希望我能夠有勇氣為自己而活，而不是活在別人的期待裡。」（I wish I'd had the courage to live a life true to myself, not the life others expected of me.）這告訴我們，不要活在一個別人為你選擇的生活。

　　生命，是老天爺給我們最大的禮物，祂把我們從靈界沒有形體的地方，拉到這個能跑、能跳，有手指，能說話的器具中。讓我們改變世界、體驗世界。活著本身就是一個禮物，今天老天爺既然給了你這個能力與行動，那就應該要善待天命。為自己去做一個選擇，接受現狀、設定目標，之後你要承擔、堅持並為自己負責。

與其遺憾，不如找自己的價值

　　曾有人問我，二十歲的我有沒有遺憾？我想，如果人生真有遺憾的話，可能是大一沒有去修 CS50，畢竟當時不是沒有信心通過，只是不想要花那個時間，覺得太麻煩也太累，寧可去社團玩樂。但反過來想，如果我當時選修了 CS50，那也就沒辦法去做廣播電台，人生將走向另一條完全不同的道路。

　　因此，我不想說這是遺憾，遺憾是一個非常負面的心態，它會讓人一直去想「如果當初怎樣怎樣，我現在就不會……」，例如如果當初我選了 CS50，現在是不是就可以財富自由、每天坐私人飛機……但其實我現在過得也不錯啊！一直去想當初，人就永遠只能活在一個假象的世界裡，所以，我選擇讓自己「沒有遺憾」。

　　可是如果今天問的是挑戰的深層意義，好比應該如何因應挑戰？如何面對抗拒挑戰的心態？或該怎麼讓自己對得起天分？那我就會覺得對比問我遺憾與否，這更是一個好問題。

挑戰是什麼？挑戰就是，即使明知做了這個選擇之後，前方會有一條艱難的道路，可能在第一關就會有很多人被刷下，但你依然做了這個選擇，決定賭一把，試試看。當然挑戰也不是打高空，不是什麼都沒準備，就要你徒手去爬一〇一大樓（那一定會摔死），挑戰也是要考量你原有的東西。就像當年的我選擇了 CS50 或 Orgo，那就會是個挑戰。

　　只是，雖然我在生物跟電腦方面都有很好的成績，在這兩方面好像很有天分，卻終究沒有去挑戰它。這樣是不是對不起天分？或者去挑戰了，才叫做對得起天分？我覺得都言之過早。因為大部分的人都要到了一定年紀，才知道自己的天分是什麼，甚至有人可能一輩子都不知道（當然除了神童以外，但神童也有他的選擇跟犧牲）。

　　所以，我認為更重要的，是要找到自己的核心價值。這幾年我教大家透過冥想，去尋找自己最在意的核心價值。我自己也是如此。我記得當時做了這個冥想練習時，我心中第一個浮現出來的詞，就是「內心的平靜（inner peace）」。這讓我有些訝異，也開始去尋找內心不平靜的

原因，以及我要如何才能獲得平靜。

　　我發現我在騎單車爬山路的時候可以獲得平靜，因為這時不是前進就是後退。沒有太多選擇的時候，人生變得很簡單。反之，當你有無限的可能時，內心反而難以平靜。現在我知道，真正的內心平靜，是來自於你做了一些選擇，並為這些選擇付出與犧牲。這個選擇不為別人，是你為自己做的；不為別人的平靜，而是為你自己的平靜做選擇。

利他的人生才是意義

　　然而有個弔詭的地方是：真正的平靜，是來自於追求自己內心的平靜，但真正的幸福感，卻是來自於服務他人。尤其生了孩子以後，我發現真正可以讓人快樂的事情，其實都是在服務別人，而不是服務自己。也可以說，利他，反而會讓自己更舒服、更快樂。

　　現在我在演講前，都會特別花時間將自己整理好，並以愛和服務他人做為演講的出發點。上台前從內心發出一個心願，希望此次的講演能夠帶給接收者最大的利益，而不是給自己。我發現通常我這樣做時，整個過程和結果都會是好的。不知是自己投射，還是因為利他的心願，但我的確感到以「利他」為出發點時，聽眾都特別友善，迴響也都會很正面。

　　這種以服務他人為目的的「僕人式領導」（Servant Leadership），能帶給人意義感。小時候我以為當醫生都在服務別人，沒有自己，現在我知道，真正的快樂來自服務別人。尤其在新冠疫情期間，看到那些醫護人員，我都

會覺得打從心底地敬佩他們。像是一位幫我看診的台大名醫，他從早上八點半就開始門診，看了一整個早上，輪到我的時候，他依舊很客氣地對我說：「不好意思，讓你久等了。」非常有耐心又仔細地幫我做檢查。這個人在每一天的同一時段，都會出現在這裡，服務幾百個人，讓我忍不住對他說：「我太尊敬你了！你的人生其實充滿了意義！」

圖片提供／劉軒
Photo／Christopher Sachs

Photo／藍陳福堂、Make Up／Youger

每件事都值得去做、
每件事都值得把它做好。
如果碰到困難就跑掉，
就無法嚐到「經過征服」才有的甜美果實。

01

"只靠自己，無法成就一切"

某天看到友人分享他在好萊塢片場的照片，令我大吃一驚：「哇！最頂尖的化妝師！這種國際級的藝術團隊做出來的效果，果真令人驚艷。」一個構想，能馬上被菁英團隊精準實現的感覺令人讚嘆。想像當中會有多少意想不到的火花，一定會比自己一個人能成就的多更多。因為任何人就算做到他「最極致的版本」，也都會有現實面的考量和限制，所以我從不會自傲地認為，「我個人」能夠成就一切。

如果沒有與領域裡頂尖的人才合作和增加視野，有時自己很難激發出意想不到的潛能。現實的預算和接觸到的團隊，甚至是地理位置，都會限制個人的最高可能性。在這樣的前提下，我能夠做的，就是認真面對每一天、每一刻，然後一步一腳印，保持謙虛讓自己更好。但最終我們都需要其他人的力量，來支持自己想實現的事，需要優秀的人一起實現彼此的願景。

02

" 參與了人生，
那就好好玩吧 "

如果我沒有了我的「個性」，我不認為我可以是任何人（I can't imagine me without my personality.），但我也不認為「我」就消失了。如果沒有我的「小我」或是「自我」，我想我就是個奔五的大叔，住在台北、做一些工作、照顧家庭，沒有特定的標籤來描述我的實際狀態。

但沒了小我，很多東西也沒什麼好掩飾的，不會感到羞恥或愧疚，所以不會想去隱藏這些表面的東西。那麼，這些隔閡和邊界也就消失了。因為有小我，選詞用字都會根據想達成的「某種目的」而有所選擇，所以小我也是「自我實現」的一部分。

「自我」跟「個性」都是做決定時的濾鏡，我們用這個濾鏡看待每一個瞬間、每件事，是敵意還是善意，

這些都是「個性」的一部分。如果沒有個性，我們就無法根據自己的觀點和喜好做出決定，那我們就只能「存在」了。

若從這個角度來看，我不確定只是「存在著」是否是件好事，所以，既然已經參與了「人生」，那就好好玩吧！

如果把自己從這個所謂虛擬的母體（matrix）抽出來，或許對於自己是一種解脫和自由。但從另一個觀點，若我們已經選擇在此生「下載」了某些人格特質，而這些特質是可以嘗試讓世界變得更美好，讓世界因自己的存在又多了一點美好，留下自己相信的價值觀和良善。現在我們已經參與了，而且有機會讓遊戲變得更好，何樂而不為呢？

03

" 找到「天命」，
隨時都能奮力一搏 "

根據 Psychophysiology 學術期刊報導，統整多年腦部
MRI 研究，發現人腦從四十歲開始會進行一個「巨
大的重新佈線」（great rewiring），將過去負責分別
專長的區塊整合起來。這會使一個人（相較於年輕的
自己）在特定執行功能上表現下降，但也意味著人的
思想更為「整合」（integrated）。

年過四十，健康報告開始出現紅字，到了五十，更明
顯感受到腦袋轉速變慢，這個感受比健康報告的紅字
更難受。感覺自己不只身體不再年輕，連思考能力
也退化，伴隨著恐慌和生存焦慮感，令我不得不接
受現實：如果說人生上半場是靠蠻力打拚，下半場不
能再衝了。我必須節省體力、動作精簡、少耍帥、求

效率、講重點。從這個角度，相當符合孔子所言的
「五十而知天命」。

然而，這代表從此人生走下坡嗎？張忠謀在五十六歲
創辦台積電，美國企業家 Ray Kroc 也是年過五十才
買下漢堡店，經營成現在家喻戶曉的「麥當勞」。人
生下半場，絕對不是只有收尾而已，如果能找到自己
的「天命」，絕對值得奮力一搏！

我一直很喜歡一句英文名言（原以為是馬克吐溫但其
實不詳）：
**你生命中最重要的兩天，是你出生的那一天，以及你
知道自己為何出生的那一天。**
**The two most important days in your life are the day
you are born and the day you find out why.**

接下來的人生無論是翻開更精彩的一頁，或是讓自己
更從容地修行，隨時都可以為自己走出上坡路，記得
這件事就好。

04

"大愛不是犧牲，
而是愛自己的終極體現"

我想 DNA 裡一定有某種生物機制，來續存百萬年的學習。為什麼我會這麼覺得？有天我爸在外面散步的時候，一隻螳螂飛到他身上，他就把牠帶回家了。

因為小時候我們也養過螳螂，我爸就說：「來，給孫子、孫女玩。」我一看就想說：「天啊……是誰要去抓蜜蜂來給牠吃？」對，沒錯，就是我！後來我帶著兒子到有比較多花的地方抓蜜蜂餵牠。

螳螂的生活邏輯與人類超不同。第一，牠們在交配時，母螳螂會把公螳螂給吃掉。公螳螂的頭就算已經被吃掉，還可以繼續交配，更誇張的是，牠還可以跟

很多隻交配。對於公螳螂來說，牠其實是在實現牠的生物功能，因為母螳螂吃掉公的身體後，會得到更多的蛋白質，可以產下更多的卵，能孵化成的後代也就更多。

對公螳螂來說，當牠被吃掉的時候，是不是快樂的？我想大自然應該會獎勵牠，給牠一種快樂、快感。我覺得，對宇宙意識來說，很多時候沒有對錯。我們身為人，來這個世界走一遭，最終是要能夠擺脫自我、做對世界好的事，從心尊重世界。

或許宇宙也在透過億億萬萬個不同種生物，不同程度的意識來理解「自己是什麼」，以及如何選擇最高的自我實現。

05

" 把家庭擺在最前面 "

生活的柴米油鹽，改變了某部分的我。有時我會懷念
過去可以「說走就走」、跟一群朋友出去玩的生活。
往往某個人臨時起意說去哪裡哪裡，然後我就說：
「好啊！走！」或者認識一個新朋友，他說：「要不
要來我家？」「好啊！走！」去到那邊以後，又認識
另一位朋友，然後新朋友又說：「一起去那邊看星星
吧！」「好啊！走！」

我常覺得我的心裡有個「流浪者」，總是好奇下一個
冒險會帶我到什麼地方，期待遇見更多的可能性，感
受各種不同的感動。

圖片提供／劉軒

有了家庭後，如果我突然「說走就走」，我想孩子一定會哭說：「爸爸怎麼了？」有時我老婆也會說我，為什麼都不喜歡出門？就算一起出來卻還在看手稿、總是催促幾點要回家，或者說一會兒還有什麼工作要做……（苦笑）。

是啊，人有了家庭以後，就應該把家庭擺在最前面。我不能把孩子丟下，然後去遊走天涯，做父母的人也不應只是在心裡支持孩子。現在我知道，我想陪伴孩子直到他們上大學，有了自己的人生，之後，我們才能真正的去「說走就走」！

我只是偶爾，還是會懷念那個充滿自發性、機動性的冒險，和探索時接觸的新奇，那種很像是在玩爵士樂的生命流動。

06

" 現在，就是未來 "

我常在工作坊用「時光旅行」的方式，來協助學員尋找人生方向或新的職涯目標，讓他們試著去「感受未來」達到終點時的感覺，以此確認自己想要的最終目標是什麼。確認目標後，一定會碰到現實問題，例如外在的壓力、親友的反對，和生活實際面所需要做的調整。

最近有位友人卡在兩難之間，不知該選擇家人支持的、穩定的、但令他不開心的高薪工作，還是選擇一個之前曾做過、已經熟悉的職務。我問他：「哪一個讓你有『更多未來性』？哪一個有更廣的路徑、更多不同的可能性、更能發展你的長處？」我把這些問題丟回給他，他想了想說：「軒哥，我知道要選哪個了！」

07

"只要好一點點，就夠了"

我以前有一點類似眼高手低的問題。部分原因是我很幸運，身邊總是圍繞著各領域的頂尖人才，好比我讀的茱莉亞音樂學院是頂級音樂學府、哈佛也是學術界的頂尖大學。我像是習慣了吃山珍海味、精緻的食物，一旦吃到粗糙的就會覺得不夠，覺得還可以再更好。所以當自己要做某樣東西的時候，就會想得特別多，變得特別挑剔。

然而我發現這種「可以再更好」的心態，實際上卻限制了我。觸動我有這個思考點的，是一位美國網路上的意見領袖（KOL），他說「任何人」都可以擁有自己的事業、可以教別人學習，任何人都可以變成知識網紅。還有一句話我特別地認同，就是他說：「你可能還不是某個領域的頂級專家，不一定可以教頂尖

的人，但是，你只需要比你教的人『好一點點』就夠了！」

這真的是一個非常棒的提醒。確實，我們每個人都是在剛起步與最頂尖之間的某個點，初學大提琴的人不一定要向馬友友請教，每個人都是從基礎起步的。所以我現在轉化了一個新的思維：我不一定要是領域裡最高的專家，我也不會知道所有的答案，但是我一定會盡力讓自己不斷地進步。

而且嘗試的過程本身就已經很有價值，因為一路上你會碰到其他同行的人，他們會需要你的一點點指引，以我現在的經驗就足夠幫上他的忙。所以「一定要再更好」的挑剔思維，現在已經不再限制我了。

08

"對得起自己的天分 "

我自己在面對選擇時,會選擇一個有「更多可能性」
的機會,一個更能發揮長處,並且有利於他人的角
色。我們的長處可能是「天生的」人格特質,例如,
我有很強的好奇心,好奇心促使我探索不同的可能,
讓我對事情有多方面的理解。長處也有可能是後天發
展出來的技能,例如,敘述故事的表達能力。

不管面臨什麼選擇,我都傾向採用與「天生的人格特
質」相符合的機會,因為技能永遠可以從工作和經驗
中去累積。當我們的心與職務本質貼近,技能自然會
經過經驗和時間的淬鍊被磨塑出來,所以做自己喜歡
的事,會讓我們更享受過程。

我們面對選擇和生活逆境時,會碰到許多外力的阻
礙,例如遭到家人反對。一個決定可能對自己好,但
不代表旁人會支持,甚至忤逆了身邊人的期待。

但有許多逆境，也可能是自己給自己的，好比當時我在哈佛，若能多去面對挑戰一點，或許我能更「對得起自己」的天分，能經驗到別人可能無法經歷的路程。其實心裡知道，有時「自己」才是阻止自己實現更多的主因。

圖片提供／劉軒

CHAPTER 05

國際名廚 江振誠

我相信：
人不能
什麼都想要

—— 給，被現實困住的人們

NO   YES

渴望 ●●● 想要成功

困境 ●●● 太多方向，反而失去方向

信念 ●●● 保持簡單，一心一意

人生好比料理，一道菜最好的狀態，就是端出去的那一刻。把菜端出去之後，我會留給自己五分鐘的時間歸零，再從頭開始做下一道菜。儘管菜餚被享用完畢，不會留下有形的事物，但我們身邊的人會記住那個過程，感受到那股能量。我認為，投入抵達完美的過程，跟放下對完美的留戀，兩者一樣重要。

歸零，回到最好的狀態

無論人生或職涯，我一直很清楚自己要的是什麼，目標對我來說像作畫，每達到一個目標，就完成一幅「完整的畫面」，接著，我會選擇歸零、重置，然後再度出發，以每十年為一個里程碑。

我所謂的「歸零」，並不是全部丟棄，而是**一種回到初心，去檢視自己當前狀態的過程**。像是你的三十歲是不是你想要的三十歲、你的四十歲是不是你要的四十歲等等，不必害怕歸零會失去什麼。

我所謂的歸零，也不是「我不要當廚師」、放棄原本的職業，而是這道菜上完了，下一道菜是什麼？這季結束了，下一季是什麼？這十年走完了，下一個十年的計畫是什麼？不要被之前自己所做過的任何一切牽制著。

　　如果用火箭彈道來比喻人生，那歸零和重置，就是人生階段的微調，就像在火箭推進的過程中，必須把某些部分給拋下，才能繼續往下一個階段前進。如果我在新加坡的餐廳 Restaurant ANDRÉ 是一幅畫，十年過去了，當它達到我規劃中的樣子時，這個藝術品就已經被完成了，我也不會為它無謂地再添上一筆，這時候我必須離開，往下個階段前進，而非賴著不走。

　　很多人想要事業永遠維持在同一個高點，或者有些人會希望自己青春永駐、沒有皺紋出現，但那是根本不可能的事，就像一首歌，它只會代表某個時代，我們不會一直唱同一首歌。這世界會一直有新的東西，時間也會一直創造下個世代。相同地，食物或食材，所有的東西都對應著時代，不會永遠在同一個狀態之下。只有不斷進化，才能一直維持在高點。

對我來說，它們不只不會，也不應該一直處於同一個狀態，因為我有我四十歲、五十歲的目標，我必須要達到我每個階段內的最佳狀態，這就是我每個階段該做的事，然後再度重置和歸零。

如何讓自己歸零？

1. 你對人生有清楚的規劃嗎？

2. 你期待中的人生畫面是什麼？

3. 在目標明確之後，分階段檢視你的人生，是否依舊在計畫的軌跡上？

4. 歸零不等於失去，不要害怕調整人生，把它拉回正軌。

挫折時回想初心，就能重新出發

　　除了明確的人生目標之外，我們還要保有靈活度（flexibility），這對料理人來說尤其重要。我的職涯每天都在面對不同的變數。食材每天進貨的狀態不一樣，每天面臨到的客人口味也不一樣，要如何克服這些變數，將食物烹調至一致的標準、讓顧客感受到貼心的服務，都是靈活度的展現，也是我很看重的職場能力。

　　這靈活度還包括，當眼前出現一座高山把目標給擋住時，你會怎麼想辦法去跨越它，過程中又不至於迷失路徑，也像駕駛帆船，要懂得在順風、逆風間借風使力、輾轉前進。這樣的靈活度可以讓我們保持彈性，不會一昧地抱怨旁人或環境，減少負能量的累積，能更專注在目標之上，讓我們更容易成功。

　　清楚目標並在過程中保持靈活，是我能不斷前進的重要因素。我的個性會讓我一直想處於進步的狀態中，我從不會跟我自己說：「你已經夠好了」、「你不用再努力了」。我很清楚知道自己能達到什麼樣的狀態，但我會在

這個狀態之上，再多要求自己一點點。在達到目的、建立信心後，我又會在下個目標上再多要求自己一點點。如此，這些目標都不是遙不可及的夢想，而是一個一個可以被完成的任務。

有些人太介意外在環境，老覺得自己做起事來困難重重，或者，抱怨自己沒出生在一個富裕的家庭，人生有太多的限制，才會「沒有辦法變成某某人」。但其實我們人生還有很多的選擇和路徑，是可以自己去掌握的，好比我們是要打安全牌、一點一滴地去累積財富，或是選擇冒險、放手一搏，去投資在不一樣的事情上，這都是可以自己選擇、具靈活挑戰度的人生過程。

當然，碰到挫折時，我們難免會自我懷疑，但有時會去懷疑自己，純粹是因為「你不知道自己到底要什麼」。如果你很清楚自己要什麼，就能忠於自己的聲音，堅持做自己想做的事。

我也不是一開始就功成名就「載譽歸國」，或從來沒遇過什麼挫折挑戰，相反的，我在法國工作的日子，一天

圖片提供／江振誠

得當兩天用，每天睡眠不足、體力透支，也面臨過很多辛苦的事情。種種困難都會消磨著你的熱情與耐性，但很疲累的時候，我都會不斷將自己拉回到初心，提醒自己保持能量，然後重新出發。

初心，對我來說是重要的動力，就像是靈魂的補給（food for my soul），每個人都有他開始做某件事的初心：想成為某人或想成就某些事。在我們剛踏入夢想時一定比誰都開心，那個「開心狀態」就是初心。

曾經我最想要去工作的餐廳沒有缺人，但我跟他們說我可以不要薪水，當時我只是想在那裡工作，就算得一直削馬鈴薯、擦盤子，每天過得很辛苦，但可以在夢寐以求的餐廳工作，就是我想要的。那時的我真的很開心，這就是我的初心。

但這種開心的狀態不會一直都在，它必須要被一直提醒和補給，就像我們的體能不會一直維持在那裡，你需要不斷地透過運動來強化它。每當我覺得很煩、很累的時候，我就會提醒自己「為什麼要做這件事」，回想當初它

帶給我的悸動，把自己帶回到那個最初的開心狀態。只要回到初心，就能有新的動力。

如何找回初心？

1. 回想自己初次接觸到夢想工作時的開心狀態。

2. 遇到挫折或徬徨時，提醒自己為何想做這件事。

3. 問問自己，現在的日子和「初心」是否一致，是否一樣開心？

簡化人生選項，做到全心投入

我覺得人生「保持簡單」這件事很重要，有很多人會想把許多東西抓在手上，結果就將事情給複雜化了。其實你只要鎖定一個目標，好好去做一件事，為它投注你全部的心力就好（Give Everything You've Got.）！

雖然簡化不是件容易的事，但你真的沒有必要每一件事都做，就像你不需要會使用所有的食材，只要把會用的用到極致也一樣很棒。而且我們人的時間和精力有限，勢必要做出取捨。

我發現有些人想要做的事情太多，就像同時鑿了太多口井，但是每口井卻又挖得不深，最後就是什麼也沒挖出來。或者，有人興趣過於廣泛，表面關注了很多議題卻沒有個一致性。沒有一致性，就不會連貫，不會有累積，最終也就很難成功。所以，「簡化也是一種控制力，你不能什麼都要」。

今天如果我有二十件事要處理，每件事都要花時間，那它們就該有輕重緩急，一件一件地來，排不進來的事，就應該被刪掉，因為它沒那麼重要。就像我不想把我有限的時間，花在打理自己的造型上，所以我也把生活簡化，每天作息規律、髮型固定，其實我就連職業也都簡化到只有一種。把不必要的觸角關上，就能做到非常專注、全心投入。

如何簡化人生？

1. 問問自己一天下來在忙碌什麼？它們重要嗎？
2. 把不必要的工作刪除。
3. 將注意力放在最值得投入的目標上。

堅持的必要性

　　每當我覺得「堅持不下去」的時候，我都會問自己：
如果把它做完會怎樣？如果放棄又會怎樣？這件事值得我
堅持拚下去嗎？如果答案是肯定的，那我就會排除萬難去
完成它。

　　成就一件事需要累積，需要持續地努力、堅持，最後
才有可能收成。可惜，很多人明明努力了很久，卻在終點
前放棄、功虧一簣。我想，或許他們並不是真正想要那個
果實，或者根本不知道自己就快要成功了，所以才會放任
自己不再努力。這樣的人如果是我身邊的人，我往往會比
他們更生氣、更惋惜，為什麼？為什麼不再堅持？為什麼
不好好把這件事做好，然後再去做下一件事？

　　是要放任自己半途而廢，還是要全力拚到最後？需要
有理性地思考。只有當你確信完成它之後，會得到你想要
的東西，你才會努力地去把它做完。

假設我去跑步只是用來維持體態，預計要跑的那最後五百公尺沒跑完，可能只是少燃燒一點卡路里，停下來的確沒關係。但是如果今天你去跑步是為了參加比賽，不跑那最後的五百公尺，不僅無法完賽，也無法獲得參加比賽的初衷——「成就感」。

透過理性思考，如果今天我很確信「完成的果實」值得我努力下去，或我需要完賽的成就感，那今天不管我的身體如何跟我抱怨，說「夠了，我累了、跑不下去了」，我都會繼續跑下去。

我唯一的選擇就是堅持，只要堅持到最後，就會有我要的成果。

而我也相信，「成果需要付出相對的努力」，不論任何事情，唯有先付出，才能有所得！就像當初在法國學語言的時候，我一字一句死背磨練；在餐廳工作，一天只睡四個小時，其他時間都在工作一樣，都得付出努力。但每次身心俱疲的時候，我都會對自己喊話：「不能放棄！不能半途而廢！辛苦都只是過程，絕對不能認輸！」「失敗

不可怕，它是成功跟自我提升的必經之路。」因為有對努力的理解，所以我從來不覺得苦，也不會只專注在苦的過程上。

撐不下去怎麼辦？

1. 理性地問自己：做完跟沒做完有什麼不同，這件事真的值得拚完嗎？
2. 對自己喊話，告訴自己一定可以！
3. 理解挫折和煎熬，都只是成功的必經之路。
4. 不要只將注意力放在挫折上。

Look on the Bright Side

2018 年結束新加坡事業回到台灣，這幾年我花了很多時間在台灣的料理教育養成上，但每年遇到的學生素質、求學態度不同，有時候會聽到其他老師對學生的負面批評，心裡多少也會受到影響。記得有一年我在中部一所學校教書，那時為了上課即使前一天忙到凌晨兩三點，隔天還是會一大早就搭高鐵南下。然而當我站在講台上一眼望去，發現沒幾個學生認真在聽課時，真的是感到很氣餒，真的會覺得就像其他老師說的「素質很差」。

那一刻我有一種深深的無力感，好像這群小朋友都要溺水了，但我卻沒辦法救他們，也覺得自己幹麼花這個時間來教書？只是當時我還在課堂上又不能停在那裡，於是我告訴自己快快轉念，去回想當初做這件事的初衷——傳授自己以前未曾在學校學到的職前能力給新的一代。把自己拉回初心後，我就注意到還是有三、四個同學很認真地在聽課，而我「能救一個是一個」。所以我不會讓自己一直陷在挫折感中，不會到下課還在問自己為什麼要來。

這或許也是一種樂觀的表現。就像當年剛去法國的時候，只能在餐廳做一些很基層的工作、重複一些很小的任務，但我不會看著那些在十五層的人，感嘆自己怎麼只在第一層，一直沮喪下去。這時我的腦子會像個壓力鍋，自動釋出壓力開始噴氣，提醒我不要在負面的情緒上卡太久，內心會有個樂觀的聲音自動跑出來：「正向思考！Look on the bright side ！」「你看客人那麼開心！」「再堅持一下就可以完成了！」然後將自己從負面想法中解救出來。懂得控制壓力，才能讓你更快嘗到成功的果實。

如何保持正向？

1. 將專注力放在尋找解決問題的方法上，而不是望山興嘆。
2. 為自己注入一個新的正向觀點。
3. 與內心對話，讓樂觀和正向為你提供力量。

讓目標清晰，然後全力以赴

當人們不知道努力的盡頭在哪時，很容易會萌生放棄的念頭，但就好比去一個陌生的地方，去程漫長而回程總是感覺比較快一樣，如果我們知道了距離，知道還有多遠以後就會輕鬆許多。同樣的道理，當你的目標越清晰，你就會越有力量。

通常去爬山之前，我們都會去查那山上有什麼美景，我們知道只要繼續爬下去就會看到那個美景。其實人生的目標也是這樣，可惜大多數的人並沒有做足功課，不知道終點長什麼樣，才會輕易在途中放棄掉。

很多人問我，為何可以在這麼年輕的時候就找到了一生的志向？其實我小時候想過要當畫家、雕刻家，而「廚師」這職業從來沒出現在我的國小作文過。年輕時，我們沒有人會知道哪件事會成為一輩子的工作。我只是很簡單地去想，如果花同樣的力氣，哪件事我做得更好？我作畫、雕刻好像沒被稱讚過，但幫媽媽做菜都會被稱讚，於是我就選擇那個拿手又會被稱讚的事。

我們總會有某些事做得比別人好，或許那件事並不是你的第一選擇，但你卻得到很好的反饋，也因此有了成就感，讓你更能樂此不疲地持續下去。然而有些時候，我們雖然知道想做什麼，卻不想付出足夠的努力，但我相信，人必須付諸全力，不然你不會知道，那件事是不是你真正想要的。很多人沒有辦法成就一件事，是因為不想投資這麼多，可是你不投資，又怎麼會有好的成果？

雖然全心付出需要時間、勇氣，但我們不能一直只計算機會成本，喜歡一件事，本來就應該全力以赴。要是自己設下的人生目標，連自己都不願意賭上全部，又有誰會來為你下注呢？

如何得到成就感？

1. 找到你在行的、喜歡的，並且可以得到成就感的目標。
2. 做足功課，讓目標清晰，付諸自己的全力。
3. 努力就會得到好的回饋，因此就有成就感。

遠觀未來，不受近利所誘

曾經我有一個很好的員工，跟我一起工作長達十三年，在塞席爾、法國、新加坡等地餐廳一路並肩作戰。但就在我打算結束新加坡 Restaurant ANDRÉ 的時候，有一天，他突然不見了，所有的人都找不到他。當時我的第一個念頭還想說，是不是結束餐廳對他造成的壓力太大？他會不會想不開？我們非常擔心，於是去報警，但去到他家才發現原來他已經搬走了！

幾天後，我發現他不只是消失而已，還帶走了我的設計和客戶資料，然後跑去上海開餐廳。

我覺得好可惜啊！從他還是一塊璞玉開始，我們就一起工作，他原本可以是備受矚目的未來之星，卻沒能抵抗住商人的金錢誘惑，也或許他是不知道該如何開口，但總之他選了一個最糟的方式離開。那家他開的餐廳，現在也收了。雖然反過來說，他也投資了十多年的青春，值得去追求他想要的，但我還是希望他能真正地以成熟的方式，讓自己發光，那時我會為他的成功感到驕傲。

就像我的另外一位廚師長，他選擇繼續和我一起工作，管理大部分的餐廳營運，後來等到時機成熟，他也提出了自己開餐廳的想法，而我當然是很支持，也分享我擁有的資源。然後他現在做得很好，我為他感到十分驕傲，很開心他擁有了自己的餐廳，在人生的道路上獲得了屬於自己的成功。

選擇「理想版本」的你

1. 人生有很多誘惑，每個誘惑都是人生課題。
2. 受到誘惑時你需要向內思考，謹慎評估。
3. 問問自己，哪個是「理想版本的你」的選擇？
4. 勇敢表達自己的需求，「最難說出口的話」，往往才是最關鍵的一步。

永遠都要分享愛

一首雋永的情歌之所以讓人回味，是因為它牽動了我們內心深處的某個記憶。回想小時候，媽媽都會讓我帶兩個便當去學校，不是因為我是大胃王，而是要我分享給其他的同學吃。從小，在吃的方面，我真的比許多人來得幸福。媽媽的便當讓我知道，料理是一種情感的分享，而用「心」做菜，能讓吃的人感受到心意。

媽媽從來沒對我說過「要考 100 分」、「要多賺點錢」、「要找好的工作」等等，她只會在我們工作太忙碌的時候，提醒我別忘了跟其他人維持情感交流。每當我工作很累，脾氣變暴躁時，媽媽總會適時將我的理智拉回，就像幫乾掉的植物澆水一樣，讓我做回一個有溫度的人。

而且媽媽也總是提醒我，做任何事情都要記得「情感元素」。工作時，熱愛你的工作、善待你的身體、照顧你的同事；忙碌時，要記得你還有家人、哥哥、姊姊……要記得打電話給他們。她常會問我：「你這禮拜有沒有跟姊姊講到話啊？」「有沒有問哥哥最近工作怎麼樣啊？」如

圖片提供／江振誠

果我說：「沒有，我很忙。」她就會說：「不行！你現在馬上打給他們！」

我的媽媽就是這樣一個有很多愛、很多愛的人。她要我們隨時保持這種很多愛的狀態，因為愛和情感在人生中很重要，她常說：「記得要鼓勵你的工作夥伴。」過去媽媽的提醒讓我養成了習慣，現在我的行事曆裡，一定會有「鼓勵身邊你愛的人（Encourage the people you love.）」這一項。以前是媽媽提醒我，現在是我提醒我自己。

讓情感增添生活風味

1. 投入感情、用「心」做事，讓人感受到你的心意。
2. 再忙也要記得人生中的愛和情感，給自己與家人足夠的照顧和關懷。
3. 記得鼓勵你身邊的人。

找到熱誠，樂此不疲

熱誠非常重要，有熱誠就能超越所有的苦，找到你人生「真正有熱誠」的志向至關重要。因為有熱誠，做起事來不會覺得累，反之沒有熱誠、只是例行工作，做起來就會感到辛苦、厭倦，也沒有辦法長久堅持下去。

尋找熱誠的過程，是一段挖掘自己內在本質的旅程。當你找到自己的本質，會讓你充滿能量，願意去學習、進步，激起熱誠後，你就不會在乎付出了多少的時間和精力。當我們願意投資時間和精力去做事，就一定會收到肯定與認同，即使一次只有一點點，也仍會為我們帶來繼續向前的力量，再苦也會樂此不疲。

找到你的本質與熱誠，在為它付出努力的同時，還要逐漸發展自己的風格、具有自己的個性。就像在我的職涯中，我從不會因為市場需求，去改變我的料理風格，所以 RAW 餐廳可以很驕傲地「做自己」，並為台灣味、台灣食材與身為台灣人感到驕傲。RAW 更是一個可以讓人感受台灣食材生命力的平台，希望外國朋友會因此對台灣留

下深刻印象。這是 RAW 的任務，也是我現在的人生階段目標。

　　我不在意所謂的「人設」，我只想做自己想做的事、說自己想說的話，我不會奉承也不會刻意去討好，我就是我。在達成現階段目標後，我期望將來可以傳承，留給新世代一些實質的東西，為台灣料理留下可以代代流傳的「台灣味譜」。

讓本質的自己發光發亮

1. 找到自己「真正有熱誠」的東西。
2. 驕傲地「做自己」，發展出屬於你的風格。
3. 不因外在環境改變自己。

創造屬於自己的味譜

我發現中華料理的八大菜系中，廣東菜雖然很厲害，卻沒能像川菜那麼地廣泛流傳，能不受地域限制在世界各地複製出一樣的味道。川菜之所以能做到這樣，就是因為它有獨特的「味譜」──麻辣、鹹鮮、怪味等有川菜的二十四種味型，而廣東菜因受到人、食材限制，無法被精準地複製。也就是說川菜有它清楚的個性、有獨特的「味譜」，二十四種味型可以接納所有東西，它的方程式永遠不變。這也讓我開始思考，什麼是台灣料理的味譜？

如果用味譜來比喻語言，那構成台灣味的字母有哪些？就像我們都知道台灣滷菜很好吃，但它為什麼會好吃，有沒有哪些邏輯跟結構呢？我想做的就是建立起台灣味獨特的元素與身分（identity），建立台灣味的 DNA，讓台灣味跟川菜一樣，能有個味譜公式可以套用任何東西進去，讓台灣的味道可以流傳，甚至發揚到國際上，我覺得這將是最有意義的事。

如果說「八角哲學」：鹽（salt）、質（texture）、

憶（memory）、純粹（pure）、風土（terroir）、南法（south）、工藝（artisan）及獨特（unique），是我的創作核心，那「台灣味譜」就是台灣味的核心。有了它就能混融發展出各種不同的台灣味組合，讓屬於台灣的味道能夠重新被創造和傳頌，也讓年輕一輩的餐飲學生，學習到具體的台灣料理方程式。

專注在拿手的道路上

如果你問我，我最重要的人生哲學是什麼？我會說就是「簡單」二字。在我們有限的人生裡，不可能知道世界上所有的東西，就像我從來沒用過三色甜椒，因為我不了解如何烹調它，我去市場只會挑選我熟悉的食材，將它們發揮到極致，做我最拿手的料理。那些你沒用過的，沒用也不會怎麼樣，人生就是如此，你本來就不用全部都要會、全部都要嘗試。

這是一個刪減的過程，從中我們也會逐漸認識自己，就算沒有辦法看盡整個世界，卻能就現有的資源中做到極

致，找到並發揮自己最精彩的道路。當你選擇了一條路，就好好地走到盡頭。好比我一開始學做菜，是從一百個食材做起，但慢慢地我越來越認識自己拿手的是什麼，於是食材選項慢慢遞減，不適合我的選項，會隨著時間跟年紀一件件被我刪除。

　　如果不專注在自己拿手的道路，老是去想隔壁那條路是什麼樣子？一心兩用的人，是沒有辦法為自己賭上全部，沒辦法拚搏做到最好，也不會知道這究竟是不是自己要的路。所以我的菜單裡，不會把每個新的食材都放進；我的人生也不會開太多扇窗，把時間浪費在那些不必要的瑣碎事物上。我只會專心研究，如何「把現有的做到更好」！人生就像料理，選一個你最懂的，煮一道你最拿手的菜就好。You pick what you know and you cook what you know best！

碰到挫折時，難免會自我懷疑，
懷疑自己，有時純粹是因為「你不知道自己到底要什麼」。
如果你很清楚自己要什麼，
就能忠於自己的聲音，堅持做自己想做的事。

啟動你的內在力量

《我活著我的人生嗎？》是啟動內在力量的首部曲。
以五位作者切身的故事和生活觀點，探索人生的驅動力，
幫助你實現屬於你更好的人生版本。

從我們的故事中，你會發現「內心的聲音」才是我們
行動的引力，突破難過的力量：

江振誠：你不能放棄，你不能半途而廢！
王俊凱：我自己決定我的人生！
CC：我們都可以成為正向的一分子。
劉軒：相信你的心。你的心，人感覺得出來。
*Janet：每一面的自己，都值得被愛、值得被看到、值
得被尊崇。*

尋找自己內在真正的驅動力：我為什麼「想要」做這些事情？是我們重要的人生課題。

　　而這些你感覺「想要」的事，不一定會是你真正內心的渴求。好比「賺錢」不一定是你的靈魂目的，它可能只是反應地球此刻投射出的價值觀。你感覺想喝一杯酒，它可能只是你長期養成的身體習性在說話。那麼，當你察覺到你內心的聲音，與外在的價值觀有差異時，該怎麼選擇呢？

尋找驅動力：探索內在本質的你

　　我們的文化、家庭背景，無意之中為我們的信念塑造了什麼是好、什麼是不好的標籤。我們都渴求被愛、被認同的感受，因此很容易陷入為了「符合價值觀」的行為模式。每一刻的總合成就了我們的一生。若是沒有意識到自己深層的驅動力，一生到頭來只為了符合外在的投射而活。這樣的人生，是否太可惜了？

當生存的基本條件有了，人的渴望便是透過與人和環境互動，更認識本質的自己，而最後實現自己（Know who we are, and actualize who we are.）。與人和環境互動中，太多人因為渴望被愛、被肯定，但害怕不被愛、不被肯定，迷失在「向外控制環境」來主導感受，而失去更深地探索內心本質，和自我實現機會。這一章讓我們探討靈魂驅動力。

　　從生活的層面來看，每當我們想做一件事情、察覺到所思所想的當下，請停下來審問自己：我為什麼想這麼做？我要做這件事，是為了要得到什麼感受？

　　每一個行為背後的驅動力，是行為帶給我們的「感受」，並非行為本身，無一例外。我們「想賺錢」並不是為了賺錢的行為，而是「得到錢」的感受。在探索驅動力時要不斷詢問：我想得到什麼感受？並追問，我得到了這個感受後……所以呢？我滿足了嗎？這真是我要的嗎？我為什麼在追求「這個感受」呢？

探索驅動力是人生的內在功課。你或許會發現，每個行為都圍繞著某個感受需求，而最終的渴求便是「愛」，以及它的反面：恐懼／害怕沒有愛。本質上，愛是最大的驅動力，我們都渴望被愛的感受，害怕沒有愛的感受。啟動內在力量的第一步驟，便是釐清自己每一個行為的驅動力，將驅動力導向愛，從愛自己開始，接著愛身邊的人、愛宇宙的所有的生命。這能為你增加行動背後無窮的續航力。做你愛做的事，感到興奮、開心的事，真正屬於你、代表你內在本質的事。讓你的行為選擇，為你注入更多的生命力。

　　第二步驟，找出因為「害怕失去」的每個行為。打斷這個模式，將這個驅動力釋放掉。取而代之，將思維放在正向的意義上。例如，我害怕沒有錢：將能量轉向錢的正向意義，那個出自於愛、無私付出、共好的能量，而非失去它的恐懼。錢只是交換物品的單位。你真正害怕的是什麼？正視它們，釋放它們。

　　釐清驅動力對人生至關重要。首先，你的人生將有更高的清晰度，因為你清楚知道，你的每一刻正為什麼而

活。你不會感到一天下來，不知道在忙什麼，一生下來，到底生死之間的意義是什麼？

再者，同樣的行為會因為你的初衷、出發點不同，影響你做這件事的過程、你的感受、因果業力。當你帶著某個想法行動，結果會重複印證你的想法，當你同時想著「想要」的和你「害怕」的，會帶來雙面的印證：因為害怕窮，害怕沒有錢的感受，所以我要努力賺錢。這只會讓你賺到很多錢之後，有更大的恐懼。

錢不會讓恐懼消失，而會將你羈絆在尋求更多安全感的循環裡。

驅動力的釐清極為重要。我們必須試著把「行為的初衷」轉向無私和大愛，這能幫助我們「因為恐懼」而延伸的那一面消融。當我們能夠清晰地把每個行為的前因後果拆開來看，你會發現，住在身體裡面的那個意識，祂有能力主宰自己的一切。當你出於愛的力量越強大，你的恐懼也會越來越小。你也擁有這個選擇的力量：向內探討自己的驅動力，重新掌握自己的選擇體驗。

透過選擇的力量，升級人生新版本

看似毫無秩序的環境律動，當意料之外的小插曲發生了，我們可以被引發出不安的情緒，也可以當它是突發的美好：一切取決於我們的觀點：一個是過於執著於不可控、因恐懼感而鼓譟不安，另一個是願意臣服於大過於自己的力量，相信一切都是最好的安排。同樣一件事，我們選擇的觀點會左右我們的經驗。可幸的是——

觀點，是可以選擇的。

你若願意將小我產生的生活摩擦、是非對錯的執念降低，生命的每一刻都可以為你呈現驚喜和奇蹟。透過臣服，靈魂能體驗更高維度、多重面向的人生版本。你可以「選擇相信」，生命的意義止於肉身和物質，將生命的追尋放在死後帶不走的一切、錢財、物質累積；或者，你也可以選擇相信，肉身只是體驗生活的載體，而靈魂的體驗是無止境的延續。你可以選擇相信，你內心聲音的源頭是唯一的你，你是「發言者」；你也可以相信，你是聽到聲音的意識，你是「聽者」，並且你可以改變聲音的品質和

內容；你可以相信，人生發生在你身上；你也可以相信，你可以讓生命發光發熱。你是可以掌舵你生命的主人。

　　掌控在你手裡的是你選擇的觀點。一樣的情境，你的觀點將改變你的體驗，和你與環境互動的每一個反應。在每一刻情境裡，你都可以選擇「更好的版本」的反應，讓你的靈魂透過體驗不斷進化。如何做到更好版本的你呢？清晰你的意識，停下腳步、反覆思考：

- 更好的那一個我、或是我崇拜的人，會做什麼決定？
- 我可以注入一個新的觀點，如果我以「愛」為出發點，「那個我」的反應會是什麼呢？
- 當時光機帶我到人生的盡頭，我回頭看，哪一個選擇才是我不會後悔的呢？

　　人生的大小轉折點裡，透過這三個問題反思，請選擇更好版本的你。當你掌握選擇的力量，運用每一個轉折點，你能到達更高維、更豐足的人生體驗。

釋放羈絆：你是你人生的主人

　　生命的意義蘊藏在每個選擇中。即便境遇不同，我們都掌握著自己面對事情的反應。你可以透過清晰的意識，選擇百分之百本質的你，充滿愛的你。你也可以無意識地讓生命流逝，蒙著保護的紗，活一個非全貌的你。你可以讓每個選擇帶給你更多力量，或是讓生命無意義的延伸。

　　我們願意「相信什麼」也是選擇。我們可以相信，是自己選擇了現在的生活，也可以把這個責任丟給環境，說是別人做了自己的主人。若人生模擬電玩，或許你感到自己的「開場角色」的能力值、預設裝備似乎不如別人，但你的角色一樣擁有一天二十四小時，一樣擁有靈魂意識，能夠察覺五官感受和內心的聲音。察覺後，一樣能練習提升內心聲音的內容和品質，改變實際的人生體驗。透過後天的努力，如王俊凱觀察到，就算比有先天優勢的晚了十幾年，一樣也能到達一定的高度。況且，靠自己努力付出的果實，更比不需要付出的更甜美、更有成就感。

多位作者都提到，他們「選擇」看事情的觀點，在每個逆境中，敘述自己的信念，並為自己所相信的努力。對結果清楚，但學習不去強求，順著浪、將結果交給天。

我們掌控的並不是外在環境的一切，而是內在選擇的力量。

如劉軒分享的，人生是向內的功課。我們被困擾的，並不是問題本身，而是我們對這些事件的「評價和標籤」。當這些腦中的批評和標籤還沒浮現時，事件只是一個隨機的事件，有發生、或沒發生「在你面前」。事件是一樣的，它沒有好或不好。是我們自己的想法，才讓這事情變得不好。透過這個理解，當碰到「有情緒反應」的事件時，我們可以選擇不被它羈絆，將自己從負面的情緒解救出來。此時江振誠會對自己說：趕快轉個觀點吧！Look on the bright side!

況且，我們無法控制所有外在的一切。控制一個永遠在變、永遠不可控的世界，是一條不歸路，汲汲營營怎麼能真正的開心呢？體驗「人身」非常難得可貴，透過身

體，我們能夠享受與人和環境互動，如同照鏡子般，每個互動都照出了不同面向的自己，給了我們學習關於自己的機會。我們也必須學習將標籤和批判放下，如同 Janet 分享的故事，每一個面向的自己都值得被看見、值得被尊崇、值得被愛。

意識的存在，是為了與外在互動來「反映我是誰」。每一個反映就像鏡子，照著我們需要做的「內在」功課。沒有感覺的事我們就不會感到困擾，會感到困擾的，就是還沒能夠克服的。每一個情緒波動、內心的漣漪，都照出了我們心靈的內在功課。

地球生活確實是一個非常酷的集體學習體驗。透過情境互動，它能照出和勾起每一個讓我們「毛起來」的事。離開地球前，如果能學習臣服、釋放所有的羈絆、執念，那麼就不必再回到地球學習了。我們真的必須謝謝所有逆著毛梳的人。他們讓我們知道在哪個位置有個結，需要被梳理、需要被釋放。

「人生是怎麼回事？」

人生中，我們追尋的是什麼？

當我抵達生命的盡頭，我擁有了什麼？

人生就是透過體驗，認識自己是誰。聽到自己內心的聲音，釐清內心的驅動力，將它與愛的本質結合，讓靈魂有力量實現更高版本的實境。

人生，就是體驗「人身」。

在有限的時間裡面，我們透過人的身體體驗生活，透過生命的鏡子認識自己，體驗每種自然的情緒反應，發掘內在的本質自己。接著，我們勇敢地呈現本質、做自己生命的主人。當每一個困境是成長的機會，選擇更高版本的自己，體驗選擇而延伸出的人生實境。當一個靈魂意識能夠發掘更高維的體驗，是當祂能有意識的放下自我，以「無我」體驗生命價值和愛的本質，為宇宙的最高福祉而存在。

如果我能夠透過本書帶給世界最重要的價值，那就是我們「每一個人都擁有改變的力量」。而改變並不是改變世界，而是改變自己。人生的意義就是透過與世界的互動，了解自己，發現自己是誰，然後成為更好的自己。生活像一面鏡子，會反射出「本存在於你」的一切，而我們需要學習的課程，隱藏於與世界互動的每一個挫折和傷痛裡。當我們有情緒的反應、感到懊惱的、痛苦的一切，就是這些寶貴課程呈現的一刻。不需要學習的，我們就不會感到懊惱，也不會有負面的情緒反應。

　　所以當自己發現面臨著困難的抉擇，記得選擇那一個你想成為的模樣、你所嚮往的、或是你崇拜的「那一個人」會做的選擇和反應。人生的意義就在那重要的每一刻，透過選擇，實現更好的自己。當我們了解自己並掌握改變的能量，我們會有勇氣去呈現更接近靈魂本質的自己。在有限的地球生命中，我們經驗美好、痛苦、感動和淚水，這些感受真正豐富了我們的人生調色盤，完整了靈魂的體驗。

　　那就是一個豐足的生命過程，生死之間的意義。

這個短短的人生體驗裡，請你記得不管這個世界和外在環境如何運作，我們都是一個重要的分子，可以百分之百控制「內在」的靈魂意識。你掌控著你人生內在的一切。而你的內在會與世界互動，你的每一個思考和情緒，就是你不斷向外發射的能量標籤。當你的思考充滿著愛，你的心和腦在無私的愛裡面整合，你代表愛，你就是愛。你的存在便會讓這世界，因為有你而有更多的真善美。那麼你所經驗到的一切，也會反饋更多的真善美。這是宇宙能量的定律、真理、道。

人生是向內的功課。當我們了解自己是誰，超越自己，最後的人生旅程，就是「忘了自己」。

忘掉那一個覺得自己必須要有價值、有身分地位，必須要擁有什麼、創造什麼的那個你。你不需要維護你無法帶走的事情。那一些並不重要。最後的人生階段就是忘了自己，成為一個無私的愛的靈魂，存在於這個地球上，享受生命帶給你的所有體驗。將靈魂的意念放在無我的愛上面。當你走到生命的盡頭，你會再度與宇宙的意識合一。我們本來就存於一體，從「一」分離出來，我們本就是宇

宙的一分子，為了體驗人身而似分離，但我們的意識是連結和永存的。

　　不要害怕。靈魂旅程的最後精華，是當你能漸漸放下自我，將意識延伸與天地連結，將連結延伸至浩瀚宇宙、物質以外的「空」，與無盡奧妙的能量舞動。請敞開封閉已久的心，將自我的意念和執念放下，選擇愛和合一，於有生之年，選擇以愛為出發點——和終點。

以愛為出發點

歡迎讀者分享讀後心得、提供反饋，
我們將結集你的提問，
分別錄製五位作者的 Podcast 與讀者更深的互動。

更多實踐人生的內容，讀者反饋方式，
請參考 10MSouls.cc

I love all of you from the bottom of my heart.
You are free. You are free. You are free.

Always choose love.

You may not control all the events that happen to you. But you can decide not to be reduced by them.

或許你認為，一切事物的發生非你所選擇。
但，你如何面對，永遠是你的選擇。

—— Maya Angelou 瑪雅 安潔蘿

圖片提供／CC

223

特別感謝大眾的愛與支持：

「CLUB 200」：感謝以下人、企業、組織以行動支持預購本書，並協助推廣這份禮物致各方。在此集聚充滿正向能量的善心之人 -「CLUB 200」。 其團體目的為整合現有的各方慈善資源，以愛為出發點、互助、分享，以達到更高的最終慈善效益。

衷心感謝以下預購 400 本書：

▎BMW 台北依德 台北鎔德

「每個人都是星星，擁有閃耀的權利。」

"Everyone is a star and deserves the right to shine."

衷心感謝以下預購 300 本書：

▎和成欣業股份有限公司（www.hcg.com.tw)

「顧客是我們的老闆，品質是企業的生命。」

▎林思宏 X5 醫師慈善基金會（drx5.foundation）

"Dream BIG! No matter where you are, you can do it!"

衷心感謝以下預購 200 本書：

▎APT.3R（www.apt-3r.com）

"Nothing you wear is more important than your smile."

▎Zenith 勁緻物理治療所 (https://www.zenithptc.com）

「每天都喜歡今天的自己！」

▎Cathy Shen（IG: mrs_asia_international_2022）

"Success is not final, failure is not fatal: it is the courage to continue that counts." - Winston Churchill

❚ Leon Soo

"Change before you have to." - Jack Welch

❚ 奧丁丁集團 OwlTing Group（**https://www.owlting.com**）

「把活著的每一天都用正面的心態來度過。」

❚ 憶聲電子 / 歌林家電（**www.kolin.com.tw**）

"Satisfaction from Action."

特別感謝傳媒贊助：

❚ 台灣計程車駕駛暖心協會（**55688 集團**）

「因為有愛，你不孤單。」

"In love, you are not alone."

❚ roller 滾動力

"color your life."

圖片提供／CC

You don't need permission to shine and feel whole.
閃耀完整的你，不需要別人許可。

——CC

國家圖書館出版品預行編目資料

我活著我的人生嗎？：實踐人生最高版本 /CC, Janet,
王俊凱，江振誠，劉軒 . -- 初版 . -- 臺北市：三采文化
股份有限公司，2023.02
　　面；　公分 . -- (Mind Map)
ISBN 978-986-229-613-4(平裝)

1.CST: 人生哲學 2.CST: 自我實現 3.CST: 成功法

191.9　　　　　　　　　　　　　111020625

@ 封面圖片提供　iStock.com / Fug4s

suncolor
三采文化集團

Mind Map 253

我活著我的人生嗎？
實踐人生最高版本

作者｜ CC、Janet、王俊凱、江振誠、劉軒（以姓氏筆劃排列）
編輯四部總編輯｜王曉雯　　主編｜黃迺淳　　文字編輯｜吳孟芳、黃羽萍
美術主編｜藍秀婷　　封面設計｜方曉君　　版型設計｜方曉君
專案協理｜張育珊　　行銷副理｜周傳雅　　行銷企劃主任｜呂秝萱、陳穎姿
內頁編排｜陳佩君　　校對｜周貝桂

發行人｜張輝明　　總編輯長｜曾雅青　　發行所｜三采文化股份有限公司
地址｜台北市內湖區瑞光路 513 巷 33 號 8 樓
傳訊｜ TEL:8797-1234　FAX:8797-1688　　網址｜ www.suncolor.com.tw
郵政劃撥｜帳號：14319060　戶名：三采文化股份有限公司
初版發行｜ 2023 年 2 月 24 日　定價｜ NT$480
　　5 刷｜ 2023 年 4 月 15 日

suncolor

suncolor